知的生きかた文庫

人生が思い通りに動きだす「書く習慣」

潮凪洋介

「書く行為」には、不思議な力が宿《やど》っています。

そうとしか思えないほど、「書くこと」を習慣にしてから僕の人生が変わっていきました。書くことによって、世の中のもっと多くの人に人生をポジティブに変えてほしい。そんな思いから「書く技術」と「書くことで人生を変える方法」を発信してきました。実際、人生が変わったという人が続出しています。

僕が教えているメソッドは「トークライティング」という文章作成法。文字通り、「話すように書く」というシンプルなコンセプトにもとづいています。

この方法で、「書く」＝「作文」という思い込みから書けなくなっていた悪循環が断《た》ち切られ、あなたの中に埋もれていた「書く力」が解放されるのです。

はじめに

書くだけで、人生は180度変わる！

「今週末、遊べる？」と友達にLINEをする。

「帰りにオレンジジュース買ってきて」と家族に頼み事をする。

「今日、近所の商店街の福引で商品券が当たった！」とSNSでつぶやく。

仕事でもメールや報告書、企画書、プレゼン資料の作成など、誰もが毎日何かを書き、誰かに伝える作業をしています。


いまや「書くこと」「伝えること」は僕たちの日常生活と切っても切り離せないものになっています。

一方で、「書くのが苦手《にがて》で……」「何を書いていいかわからなくて」「文章をつくるのって難しいですよね」「だから、SNSもブログも続かなくて……」「思っていることをうまく文章にできなくて……」という声もよく聞きます。

毎日書いているはずなのに、苦手意識が消えないのはなぜでしょう？ それは、書くことをどこか特別なものと考え、構えてしまっているからかもしれません。

じつは、書くことは特別なことでも、難しいことでもありません。書くことが苦手だったとしても大丈夫です。

本書を読むだけで、「書くこと」が鼻歌を歌ったり、スキップしたり、呼吸をしたりするのと同じくらい楽しくて自然なアクションに早変わりします。

何を隠そう、**僕も文章を書くことが大《だい》の苦手でした。**

しかも、「書く」ことだけでなく「読む」ことも嫌いだったのです。

自慢じゃありませんが、小学校から高校までに読んだ、本と呼べるものは小説を含めてたったの4冊です。本を読むスピードも遅く、たいていは読んでいる途中で飽《あ》きてしまったのです。

当時読んでいたものといえば、教科書や受験参考書のほかは、図鑑にファッション雑誌の『Hot-Dog PRESS』と『POPEYE』、それにミステリー雑誌の『ムー』くらいでした。

大学受験では「小論文（エッセイ）」が受験科目にある大学は「絶対ムリ！」とさっさと諦《あきら》めました。

こんなにも書くこと、読むことに苦手意識のあった僕が、いまでは75冊以上の本を執筆するまでになったのですから、人生は本当に何が起こるかわからないものですね。

何がきっかけだったのか、その理由をあらためて考えてみたら、自分の中の「書くことへの『壁』を取《と》っ払《ぱら》うこと」ができたことがいちばん大きいと思います。

書くことの苦手克服のために、僕がまずやったことがあります。

それは、

「文法なんか捨ててしまおう！」

と考えたこと。

学校の授業では作文の書き方や文法などを習いましたよね。「書き言葉と話し言葉は違う」なんて教わったかもしれません。僕は、それがきゅうくつで仕方がありませんでした。作文が大嫌いになったのもそのせいです。

そこで、それらの堅苦《かたくる》しいことを、なかばヤケクソで全部忘れることにしたのです。代わりに大事にしたのが、**「心をしっかり動かして書くこと」**でした。

自分の心の動きを拾い、それを素直に文字であらわすことにしたのです。これにより、書くことに対する抵抗感は少しずつ薄《うす》れていきました。そして、いつのまにか、書くことが日常になっていったのです。

気づけば、電車でたったひと駅移動するときでさえも、ノートを開いて書くようになっていました。

ノートをバッ！　と開き、怒りをサンドバッグにぶつけるように書く。

わき上がった夢をワクワクしながら踊るように書く。

友と分かち合った感動を叫《さけ》ぶように書き綴《つづ》る。

恋の詩を書きながら、思いにひたる……。

深夜のファミリーレストランで、夕焼けのビーチで、昼間の公園のベンチで、静かだけれど熱い時間をひとり楽しみました。

書く時間は広い海を思い切り自由に泳ぐようでもあり、明るい未来へと続く秘密のトンネルを歩いているようでもありました。

1年後――書くことへの苦手意識はすっかり消えていました。そしてそのほかにいくつかの思わぬ副産物も生まれていたのです。

書くことで、怒りやストレスなどの感情の整理ができるようになり、物事を合理的に判断・解決できるようになっていました。

また、自分の本当の気持ちにも気づき、それをきちんと言葉にして人に伝える。そういったことが前よりもスムーズになり、生きづらさが少し弱まったのです。

それから、**自分の中の「心の軸《じく》」が明確になり、自分を見失うことがなくなりました。誰かの言葉に惑《まど》わされたり、左右されたりすることが少なくなりました。**

はじめは、「人生に立ちはだかるいろいろな壁を壊したい！」と、自分のために書いていた文章でしたが、やがて外に向けて書きたい！　と思うようになりました。詳《くわ》しくは本論でお話ししますが、外に向けて自分の思いを文字にしたら、人が動き、出会いと絆《きずな》が生まれました。

会社の仕事では味わえない、自分らしさのある達成感が味わえたのです。人生の景色《けしき》が変わった瞬間でした。

現在は、執筆活動のかたわら、２００冊以上の出版プロデュースやイベント主催、企業の広報・ブランディングを中心とした会社を立ち上げ、「書くことで読者と企業を元気にする仕事」に励《はげ》んでいます。

書くことが大の苦手だった頃からは考えられない毎日を過ごしているのです。とても楽しく充実しています。

このように、書くことで人生の流れが変わり、幸福度がアップするという、夢みたいな現実は本当に起こります。

まずは、書くことへのハードルを思いっ切り下げましょう。

苦手意識を取り去り、日常の一部にしてしまいましょう。

この本には、そのための方法が書かれています。


もともとは書くのも読むのも嫌いで苦手だった僕が考えたものなので、「いかに楽しく、ラクに、書くことを日常化するか」に重点を置いています。

しかも、誰でもいますぐ1分以内にはじめられる、とても簡単な方法ばかり。なかには単なるヒマつぶしにしか見えないような作業もあるかもしれません。

でも、それこそが、**いつのまにか「書かずにはいられなくなるメソッド」**。

読んでみて、「これ、やってみようかな」「これならできそうだな」と思えることからはじめてみてください。

僕は**「書くこと」は心地《ここち》いい運動のようなもの**だと思っています。
ジョギングも、はじめたばかりの頃は少し苦しくて「やめちゃおうかな」「なんでこんなことをしているのだろう」と思いますよね。でも続けるうちに、いつのまにかその苦しさを抜《ぬ》け出し、代わりに楽しさや達成感を得られます。

書くこともそれと同じです。

多くの人が「書くこと」で人生を変えてきました。
本書とともに、あなたも人生を変えていきましょう！

もくじ

1章　「文章が苦手」なんて言っていたらもったいない！
――書くだけで人生に起こる奇跡

2章

さあ書いて、発信してみよう！
——書くことが楽しい習慣になる簡単な方法

3章

「あなたの文章が読みたい！」
――読み手に共感される文章とは？

4章

夢をかなえる「書く習慣」
――本当の自分を掘り起こす「書くワーク」

5章

心を整える「書く習慣」

――目の前の問題を解決する「書くワーク」

6章

書きたいことがどんどんあふれ出す「執筆脳」のつくり方

――あなたも自由自在に「書ける人」になれる！

編集協力　柴田恵理

1章

「文章が苦手」なんて言っていたらもったいない！

――書くだけで人生に起こる奇跡

書けば自分が変わる、人生が変わる！

書くことで人生は確実に変わります。
では、具体的にどのようなことが変わっていくのでしょう。
ここでは、僕が実際に体感したことをご紹介したいと思います。

文字表現が正確になり人間関係が良好になります

「文字表現」が明確、かつ具体的になります。メールやＳＮＳなどのコミュニケーションの際に、**誤解なく正確に、心に響く表現で伝えられる**ようになるのです。

仕事でもプライベートでも文字表現の誤解によるトラブルが減り、その結果、毎日を楽しく、愉快《ゆかい》に自分のペースで生きられるようになります。

人に素直に接することができるようになります

書く習慣が身につくと、心の中で感じていること、考えていることを素直に言葉であらわすことができるようになります。本音《ほんね》が伝えられるので、自分の中のモヤモヤが消えます。

たとえば、職場で上司に対して、「自分がどうしたいか」を訴《うった》えたり、部下の仕事ぶりを自分がどう思っているかを伝えたりする際にうまく作用します。

これは、友人関係や恋愛関係などでも同様の効果をもたらします。

心で通《つう》じ合った人間関係を手に入れることができるのです。

怒りや悲しみなど ネガティブな感情が中和《ちゅうわ》されます

上司から理不尽《りふじん》なことで怒られた、友人から手痛《てい》い裏切りにあった、子どもがいうことを聞かない、家族が家事に協力的でない等々、日々ストレスや怒り、ときには悲しみなど、ネガティブな感情がわいてきますよね。

そのようなとき、書く習慣があるとそれらの感情をすばやく中和させることができます。自分の気持ちを洗いざらい紙に書き出すうちに徐々に冷静さを取り戻し、物事を客観的に見られるようになるからです。また、原因究明や解決への最短距離がわかることもあります。

心が落ち着き、幸せな気分になれます

何かに没頭《ぼっとう》すると、脳内に幸せや意欲を感じるホルモンであるドーパミンが分泌《ぶんぴつ》

されることがわかっています。書くことも没頭すると座禅《ざぜん》、瞑想《めいそう》、ヨガ、スポーツをしたあとのような爽快感《そうかい》、スッキリ感を得ることができます。「執筆幸福状態」が訪れるのです。僕はこれを「マインドフルネス」ならぬ「ライティングフルネス」と呼んでいます。

これにより、毎日幸福を感じ続けることができます。

「自分の意外な一面」に出合えます

文字を綴るうちに、心の奥深いところに住んでいる「もうひとりの自分」との対話が生まれます。

正義感の強い自分、慈悲《じひ》深い自分、思いやりのある自分、戦う自分など、これまで知らなかった自分の意外な一面も見えてくるかもしれません。

「自分がこんなことを考えていたなんて……!」「こんな思いを抱《いだ》いていたのか」という新たな気づきを得ることができます。

自分が本当に「やりたいこと」がわかります

「書くこと」は、自分の心の動きを念写する作業ですが、それはつまり、自分の内面の声に素直に耳を傾《かたむ》けるということ。

仕事や家事などに追われて忘れかけていた「自分が本当にやりたいこと」「自分が本当になりたいもの」「自分が望む生き方」を思い出すことができるのです。

友人関係が活性化します

書くのに慣れると、友人や仲間うちのコミュニティ、メールグループ内に食事会のお知らせ、お祝いの言葉や応援の言葉など、ポジティブなメッセージを発信する習慣が身につきます。

その結果、あなたとかかわるすべての人々の生活に「喜びを分かち合う華《はな》やぎ」

が生まれ、幸せがちりばめられます。彼らの幸せな笑顔を見ることで「誰かの役に立てた喜び」を、体の底からわき上がる喜びとして感じることができます。

気の合う仲間が増えていきます

たとえば、あなたがＳＮＳやブログからポジティブなつぶやきやお役立ち情報を発信すれば、それに共感した人たちと、新しくつながることができます。

コメント欄に感想を書いてくれた人たちと、あらためてメールやＳＮＳでコミュニケーションをとるうちに、リアルな交流が生まれることも。ビジネスでのつながりや、趣味の世界で気の合う仲間がどんどん増えていきます。

恋のはじまりに強くなれます

「相手への好意」や「食事への誘いの言葉」を魅力的な表現で伝えることができる

ようになります。つまり、恋愛力が向上するのです。「書くこと」に慣れると、恋がかなう確率もグンとアップします。

知らないうちに誰かの役に立てます

ＳＮＳやブログからアドバイスや知識、応援、励まし、癒《いや》しのメッセージを発信することで、それを読んだ人の人生を豊かにします。「書くこと」で、会ったことも話したこともない見知らぬ誰かの役に立つことができるのです。誰かの役に立てる喜びは「生きる喜び」そのものでもありますよね。

あなたの「ファン」が増えます

ブログやＳＮＳは、自分の考えていることや信念などを発信する場でもあります。そこに書かれた文章は、あなたの心、魂《たましい》、そして内面の魅力そのもの。

うまく伝えられれば、読んだ人はあなたのファンとなり、「いいね」「コメント」「シェア」「クチコミ」などの方法で応援してくれます。

書いた文章が、未来の自分を励ましてくれます

誰かのために書いた文章が、自分自身を救《すく》ってくれることがあります。モチベーションが下がっているとき見直せば、忘れていた「初心《しょしん》」を思い出させてくれることもあるでしょう。「自分、なかなかいいこと言っているな」とハッとして、心が切り替わるきっかけになる場合も。

過去に書いた文章が、未来の自分を励まし、癒してくれるのです。

ビジネスがうまくいきはじめます

書くことを楽しめるようになると、ビジネスもうまくいくようになります。企画書や報告書の表現力が向上するほか、ビジネスメールのコミュニケーションレベルも格段にアップするからです。

周囲からの評価が上がり、仕事での評価も一気《いっき》に上がるでしょう。周囲があなたを放《ほう》っておかなくなるのです。

自分をその道の「専門家」としてブランディングできます

何か専門知識があるなら、ブログやSNSでそのことを書けば、自分が「その道のプロ」であることをしっかりと世の中に打ち出すことができます。しかも同業種のライバルと差別化することも可能です。

自分ならではの「できること」が明確に伝わり、オンリーワンの強みをアピールすることができるのです。

転職やキャリアアップのチャンスが舞い込みます

自分の専門分野に関することをブログやSNSで執筆し続けることで、専門性やその道の習熟度の高さをアピールできます。

それらを見た採用担当者が、「これだけのスキルとキャリアがあるなら一緒に働きたい」と思ってくれる場合もあるでしょう。そうなれば転職にも有利です。

収入がアップします

あなたが専門分野について書いたブログ記事を見た人から、それに関連する仕事の依頼が増え、名指しの依頼がくることも。そこから仕事の単価も上がり、年収アップにダイレクトにつながります。

また、趣味や好きなことなど、本業とは異なる「第二の専門分野」を見つけて発信するのもいいでしょう。「大好きで得意な趣味や遊び」をビジネスにしてさらに楽しむ「アソビジネス」のブランディングにもなりますし、副業にもつながるでしょう。収入アップも期待できます。

ミニイベントやワークショップが開けます

ミニイベント、講演会、ワークショップの開催情報をブログ、ＳＮＳで、または印刷物にして告知しましょう。それを通じて集まった人はあなたの考え方、世界観に共感した人ばかりですから、とても居心地のいい場所となります。講座をビジネスとして運営するのもおもしろいです。

新聞、雑誌、テレビ、ラジオ……メディアからの出演依頼がくることも

新聞、雑誌、テレビ、ラジオをはじめとするメディアは、ブログやSNSをつねにチェックしています。あなたが、何かその道のプロとして発信を続けていれば、取材を受けたり、メディアの連載依頼を受けたりするチャンスに恵まれます。

こうして、メディアを通してあなたの存在を知ってもらい、世の中に出ることができるのです。

これ以外にもまだまだメリットはあるかもしれません。

ただひとつ、ここでいえるのは**「書くことは確実に日々の生活を充実させ、満足度を高めてくれる」**ということです。

まずは、書くことを身近に感じられることからはじめてみましょう。

大切なのは「文章力」より「伝えたい気持ち」

「はじめに」でも書いたように、いまや、いつでもどこでも自分が思ったこと、考えたこと、身のまわりで起こった出来事、そこで感じたことなどをＳＮＳに投稿したり、メッセージアプリなどで伝えたりすることができるようになりました。

そのほか、ブログ、メール、ビジネス文書やパワーポイントなどのプレゼンテーション文書など、書いて発信することが生活や仕事の一部になっている人がほとんどだと思います。

そんな中、もしあなたが「私は文章を書くのは苦手で……」と思っていたとしても心配しなくて大丈夫です。

本を読むのも書くのも大嫌い、作文なんかとんでもないと思っていた僕ですら、いまや書くことをメインに仕事ができているのですから。

絶対に、いまこの本を手にしてくださっているあなたのほうがこれまでに読んできた本の冊数は多いはずですし、作文の点数もよかったに違いありません。

ここで、僕がどのようにして書くことの壁をぶち破ったかについて、お話ししましょう。

そのきっかけのひとつとなったのは、大学生のときのことです。

いまのようにインターネットも携帯電話もない時代で、通信手段は固定電話か手紙、ファックス、ポケットベルのような無線呼び出しくらいでした。

メールやＬＩＮＥ、ＳＮＳなどのように簡単に友達に連絡する手段はありません。また、文章を書いたらコピーしたり印刷したりしなければ、自分の思いを発信することもできませんでした。

学生時代から大人数が集まるイベントを開催するのが大好きだった僕は、「どうしたらより多くの人に集まってもらえるか」ということをいつも考えていました。それには、たくさんの人にイベントの情報を知ってもらう必要があります。そこで、苦手な文章を書いてチラシをつくることにしたのです。

すると、ここで驚くべきことが起こりました。

それまでは作文というと、ぴたりと筆《ふで》が止まっていたのに、なぜかイベントのチラシをつくるときは、すらすらと文章が浮かんでくるのです。

その理由を考えたら、こんなことがわかりました。

・これから開催するイベントにたくさんの人がやってきて、喜んで盛り上がっている姿を想像するうちに、だんだんと胸が高鳴り、ワクワクしてきた。

・そして、自然と「ほかの人にもこの気持ちを伝えたい！　文字にしたい！」と思えた。
どうやら、**ワクワクする気持ちが書くことへの苦手意識を忘れさせ、「書きたい！伝えたい！」という行動に駆《か》り立ててくれた**ようです。

すると、意気込《いきご》まなくても書きたいことが頭に浮かんできて、まったく苦痛を感じることなく、いつのまにか書き終えていたというわけです。
そして、これがとても楽しい作業でした。

書き上がったものを大量にコピーして、駅で配ったり、郵送《ゆうそう》したり、ファックスで送ったりしました。
このチラシ作成が功を奏し、イベントには累計1万人もの人が集まってくれました。これは日本武道館のライブを満席にしたのと同じです。大成功です。

書くことに苦手意識があるなら、まずその**文章を書いたことで変わるステキな未**

来を思い描《えが》いてみましょう。

たとえば、
取引先でプレゼンをして成功し、契約を勝ち取り、上司にほめられたら。
自分の書いたＳＮＳの投稿がバズって多くの人の注目を浴びたら。
好きな人にＬＩＮＥを送ったら、すぐに返事がきてデートできることになったら。

そのときの自分はどんな気持ちになっているでしょう？

きっと「やったー！」と、ものすごくうれしい気分で、未来にワクワクしているはずですよね。

その未来の姿を想像するだけで、いまの自分もワクワクしてきませんか？

自分の中にワクワクする気持ちが生まれたら、その気持ちを実際に文字にして書いてみましょう。

成功している自分を思い描きながら、プレゼン資料をつくってみる。

バズったときの気持ちを想像しながら、ＳＮＳに投稿してみる。

好きな人からＬＩＮＥの返事がきたときの胸の高鳴りを想像しながら、文字にしてみる。


ワクワクする気持ちが、書くことの壁をぶち破ってくれます。

自分のことを誤解なく、魅力的に伝えるには

文章を書くのが苦手な人の中には、

「人生、なかなかうまくいかないなあ……」

そう思っている人もいるかもしれません。

書くのが苦手ということは、**「自分の気持ちや考えをあらわすこと」**があまり得意ではないということです。自分の思っていることを言葉や態度で上手にあらわすことができない——その結果、思い描いた人生を歩めずにつらい思いをしている場合が往々にしてあります。

そしてもうひとつ、残酷《ざんこく》な真実があります。
それは**自分の気持ちや考えを表現するのが苦手な人は、努力の割には成果や幸福感を得にくい傾向がある**ということです。

しかし、「書く習慣」が身につくと、自分の考えが頭の中でまとまりやすくなるため、**言いたいことが正確に相手の心に届けられる**ようになります。書くうちに、その能力が鍛えられ、そして磨き上げられるのです。

かつて会社員だった頃、僕は自分の気持ちや意見を表現するのがとても苦手でした。そのことで、ずいぶんほかの人に誤解されたり、誰かとトラブルになったりもしました。

ほかにも、自分ではものすごくやる気に満ちあふれていたのに、その気持ちが相手にうまく伝わらず、逆に自分勝手な行動と思われ、反感を買ったこともありました。説明がわかりづらくて相手をイライラさせたりもしました。

自分ではよかれと思ってとった行動もそれが正確に伝わらないことで、結果的にすべてマイナス評価につながってしまっていたのです。

気づけば「ふてぶてしい」「自分勝手」「お調子者《ちょうしもの》」というよくないレッテルが貼《は》られていました。

それらが僕の人生が「なかなかうまくいかない」原因でした。

しかし、**書く習慣を身につけたことで状況は変わりました。**

わかりやすい言葉で、自分の言いたいことをきちんと相手に伝えることができるようになると、誤解されることもなくなり、仕事や人間関係のストレスとは無縁になりました。

伝えたいことを全部伝えること。誤解なく伝えること。魅力的に伝えること。

それが人生を変えていきます。

これらは「書くこと」によって可能になります。頭の中で考えていることを具体的にまとめる力がつき、思ったことをすんなり口にすることができるようになるのです。


「書くこと」で思っていることを具体的にまとめる第一歩は、「伝えたいことの絵を正確に思い浮かべる」こと。文章ではなく「絵」を思い浮かべるのです。

文章が苦手でも、絵を思い浮かべるのは難しくないでしょう。そして絵を想像したら今度はそれを実況中継するのです。

つまり、書く前に、まず「話す」のです。これを心がけるだけで文章表現のハードルがぐっと低くなります。

伝えたいイメージがあれば、自然と書けるようになります。書くことは、**「伝えたいことを考える」**ことからはじまります。

「書くこと」を習慣にする第一歩

みなさんに最初にやってみてほしいのは、**鼻歌を歌うように気まぐれに「ノートやスマホのメモ機能に思いついたことを書いてみる」という行為です。**

まずは好きな曲を思い浮かべて、軽く歌ってみましょう。そのリズムに合わせながら、週末にやりたいこと、将来やれたらいいなと思うことを手帳に書いてみたり、友人に飲み会の案内を書いてみたりします。

この程度ならすでにやっている人もいるかもしれませんね。

次はそれを習慣にします。

ここでの「書く」という行為は、**「本当の自分の心に耳を傾ける」「自分の魂の訴えを知る」**という行為そのものです。

やがて、この習慣がゆるやかに、あなたが本当に求めている「自分の生き方」に気づかせてくれます。

書くことで自分の欲望や希望など、**自分の心の中にひっそりと隠れている本当の気持ちや感情を見つける「探知機《たんちき》」を取り入れること**ができるのです。

20代の頃、僕はいわゆる「自分探し」をしていました。会社員として働きながらも「自分が本当にやりたいのはどんな職業だろう?」と、自分らしくいられるための本当の働き方を模索《もさく》していたのです。

「やりたい仕事」に就《つ》けていなかったことや会社での人間関係がうまくいっていなかったことなどもあって、「自分が輝く場所はここではない。きっと別のどこかにある!」と信じてやまなかったのです。

まわりからはきっと「世間知らずの現実逃避」に見えたでしょう。

でも僕は、この現実逃避の先にこそ何かがあると信じていました。


輝く未来、本当の自分との出会いがきっとあると。


そこで、ヒマさえあればかばんの中からノートを取り出し、ああでもないこうでもないと思いをめぐらせながら、数行ずつ「自分らしい本当の生き方」について書き綴りました。

真っ白なノートの中に僕をさえぎるものはありません。自分の意見を否定する人も、バカにする人もいません。

おかげで自分の世界を際限なく広げることができたのです。

書いているうちに、自分が描いた世界にワクワクし、やがてその世界観を実際に世の中で試したい意欲があふれ出しました。

書き続けることで、自分がいままで知らなかった一面がどんどん明らかになっていきました。

そして、「みんなをドキドキさせたり笑わせたり、感動させたりするために、五感をフルに使いながら、自分自身を熱く完全燃焼させる」――それが自分の理想の生き方であるということに気づいたのです。

その気持ちは、いまも自分の生き方の根底にあります。

まずは、鼻歌を歌いながら、頭の中に思い浮かんだことを書いてみましょう。

「あんな仕事をしてみたい！」「あの場所に行ってみたい！」「こんな暮らしがしたい！」と前向きな妄想をふくらませて、現実逃避してみてほしいのです。

それが「本当の自分」を引き出すカギになります。

「心のうち」を書き出したノートは「自分自身をあらわす地図」

僕が、「書く習慣」をはじめた20代の頃のこと。

先にも書いたように当時の僕は、ヒマさえあれば、ノートにふと思いついたことや、現実逃避のような妄想、遊びか仕事かわからない、現実味のないビジネスプランなどを書き綴ったりしていました。


ときにはネガティブな心の叫びをひたすら書きなぐっていたこともありました。

たとえば、会社で「おまえは使えないな！　大学で何を習ってきたんだ？」と怒られた日には、「会社なんかクソくらえ！」「おまえなんかの子分にならない！」「洗脳されねえぞ」「脱出!!」など、思いつくままに悪口を書きまくっていました。

気分がいい日には、自分の夢や将来なりたい姿について書くこともありました。ところが、それがなかなかしっくりこないのです。

「これだ！」というやりたい仕事をはっきりあらわすこともできなければ、具体的な会社の名前が浮かぶわけでもありません。

未来を想像して文字にしようにも「こんな暮らしがしたい」「こんな人生を送りたい」「こんなところに住みたい」といった希望もあいまいで、明確に書き出すことなど難しすぎてできませんでした。

それでも、とにかく心の中の小さな感情の動き、思いついたアイデアを拾い、文字にしました。

いまの気持ちややるべきこと、意中の女性とのデートコースなど、とりとめもなく、あっちへ行ったりこっちへ行ったりしながら、ただただノートに書き続けたのです。

けれど、いまにして思えば、**自分の心の声など、最初は「その程度のもの」**なのです。そのときのノートをほかの人が見たら「ただの落書《らくが》き」にしか思えなかったことでしょう。ですが、これがのちに大きな意味を持つようになったのです。

いまの人生に必要なこと、欲しいと思えるもの、行きたい方向など、心が欲するちょっとした感覚を拾い上げ、そして文字化する——**ノートに散在している文字こそ、まさに「自分自身をあらわす地図」**なのです。

つまり、そこに書かれていることは一見関係なさそうでも、どこかに共通点があり、そこに自分の課題点や進むべき方向性が示されているのです。

あなたも、はじめは自分の心の声をうまく聞き取れないかもしれません。でも、どんな小さなことでもいいので書いてみましょう。ネガティブな気持ちの日はネガティブな気持ちを素直に書き出しましょう。その声をじかに拾い、そのまま吐き出すように文字にしてください。

会社で腹が立ったこと、明日やるべきこと、週末のよそいき服のコーディネート、さらには、次に転職するとしたらこんな企業がいい、など。

あるいは住んでみたい町や部屋の内装、持ち物など……心の中でひそかに憧れている妄想を、文字にしてみるのです。文字にしてみると、なぜだかとてもスッキリした気分になり、本当の自分を取り戻したような気持ちになれます。

まずは肩の力を抜いて、気軽にペンを持ち、最初の一文字を書いてみてください。次第に心が軽くなり、まるで広い海を泳いでいるような気持ちのよい感覚を覚えることでしょう。

まずは「1分間」だけ、書いてみてください

「文章を書く」というと、「難しい論文」や「長い作文」をイメージする方もいるかもしれません。

でも、ここでいう「書く」というのは、それらとはまったく違うものです。

「ああ、今日は天気がよくて、気持ちがいいなあ」
「今日はとてもいいことがあった！」
「沖縄に行きたいな～」

このような「心の動き」を書くだけでいいのです。

ここでぜひやってみてほしいことがあります。

それは、**1分間だけ書く時間をつくること**です。

ふと頭に浮かんだことを、手帳、ノートの余白、日記、X（旧ツイッター）、ブログ、LINEなどのSNSにとにかく書き込んでみてください。作業時間にしてほんの1分です。その1分のあいだだけは集中して、**頭の中の考え、心で感じたことを文字にします。**

この1分間があなたの人生を180度変えてくれます。

かつて僕も、頭の中で考えていることをよくノートや手帳に書いて整理していました。わずか1分のこの作業で、自分がいまいちばんやりたいことは何か？　何から先にやればいいか？　抱えている問題の解決方法は何か？　などが次から次へと浮かんできて、気持ちがスッキリした記憶があります。

このスッキリ感がたまらなく心地よく、しまいにはやみつきになっていました。

会社のこと、プライベートのこと、友達とのこと、恋愛のこと、将来のことなどをつらつらと書きながら、しっかり自分を納得させるための思考をめぐらせたものです。いうなれば**「吐き出しライティング」**です。

「いつも書いてばかりだけど、それってただの自己満足じゃない？（笑）」と突っ込まれたこともあります。けれど、この吐き出しライティングをしたあとは、いつも本当に不思議な爽快感がありました。

心の中で感じているワクワクやモヤモヤ、あるいはヒラメキや「やるべきこと」――そのときはまだ自分の夢を探し当てていない「夢の途中」の状態でしたが、仕事が終わるとノートにとりとめもなく書き込む習慣を楽しんでいたので、いつも充実していました。

流されない、ぶれない自分を感じながら、一日一日を悔《く》いなく過ごす。それらがこの「書く習慣」によって形づくられていきました。

この基礎工事のような時間があったからこそ、「なりたかった自分」にたどり着き、いまの自分が存在しているのはいうまでもありません。

まずは1分間、自分と向き合い、そのときの思いを文字にすることを習慣にしましょう。

余談ですが、これまでにデートしたすべての女性の名前と特徴をズラリと書き出し、その傾向と対策を書いて楽しんでいたときもありました。目の前に座っていた交際中の女性に見つかりそうになり、あわてて隠したことも。

一見くだらないように思える作業ですが、これを行なったことで、それ以降、より満足度の高いデートタイムを演出することもできました。独身時代のよき思い出です。

文法は捨てていい。感情を言葉にしてみよう！

書くときには文法は捨てていい！　という話をしましたが、ひとつだけ忘れないでほしいことがあります。

それは、**文字に自分の「感情」をのせる**ということです。

大切に、ていねいに、自分の気持ちを拾って噛《か》み締めるように書いてみましょう。
たとえば、手帳に予定を書き込むとき、ただ「食事会、19時●●レストラン」と書くのではなく、「仕事が終わったら19時から食事会。素敵な人と出会えたらいいな！　まずは友達になって、なんでも話せる仲になろう」など、**「こうなったらい**

いな」という希望や願望、期待、心構えなどもプラスして書きます。

文字に感情をのせる最大のメリットは、**よりよく生きるための「勇気」と「励まし」をもらえる**という点です。

そこに書かれた文章はあなたの心の中から発せられた、あなた自身への大切なメッセージでもあります。自分を知り、自分にとって正しく、心地いい未来をつくるためのメッセージ、そして行動指針なのです。

心を込めて、感情をのせて書いた文章を読み返すだけで、不思議と元気が体じゅうにめぐり、自分らしさや自信を取り戻せます。

自分が書いた文章を見直して、あらためて「ああ、自分はこんなふうに思っていたんだ」「こんなことを考えていたんだ」、あるいは「このような知識を持っていたのだ」と気づくことができるのです。

少し慣れてきたら、次はブログやＳＮＳなどで自分の気持ちを書き綴ってみてください。「自分の思いを伝えたい！」という「ワクワク」と「パッション」だけを素直に書きます。技法なんかどうでもいいのです。文章力？　そんなものは関係ありません。

朝、いつもよりちょっと早起きしていい気分を味わった日には、「ああ、早起きするって気持ちいいなあ！　何でもできそうな気がしてくる！」と自分の気持ちをのせて、ＳＮＳやブログなどで発信してみましょう。

「今日は思ったよりも仕事がはかどらない。でもこんなときこそ、うまく気分転換して突破してみせるぞ！」

「ショックなことがあった。この痛みとしばらく向き合う。いま、この痛みをここに書いたから、少しだけラクになったよ」

文字そのものが自分の心のエネルギーだと思って、紙やキーボードにエネルギーの塊《かたまり》をぶつけるように書き出してください。

ぶつけるといっても、「いいことを書こう」と力《りき》む必要はありません。自然体でリズムよく、大切な友人に話しかけるようなつもりで書きましょう。

自分の感情を文字にのせて、表現する。
たとえそれが不慣れな文章でも、必ず誰かの心に刺さるのです。

「僕も同じ気持ち！」と誰かを共感させたり、「俺も頑張ろう」と勇気を与えたり、あるいは「協力したい！」という気持ちにさせたりします。
あなたの書いた文章が言霊《ことだま》となって、それを読んだ人々の思考、行動、人生観に影響します。その人たちの心が癒されたり、知識を得て賢くなったりもします。
しかも、あなたの文章を読んだ人だけではありません。あなた自身の人生をも変えていきます。

ゆっくりゆっくりと、大きな船が航路を変えるように、**あなたの人生もいい方向**

に、もっとも自分らしい生き方へと向いていきます。しかも、あなたと周波数が一致した多くの人々をごっそりと巻き込みながら。

たとえば、恋人があらわれる、いいビジネスパートナーと出会う、あるいは師となる人や弟子《でし》が見つかる、あなたに大きなお金を投資してくれる人が出現するなど、応援者や一緒にいて互いに幸せな人々を引き寄せるのです。

それはすべて、**あなたがラジオ局のように、自分の周波数にのせてメッセージを発信し続けているからにほかなりません**。その結果、あなたの発信や考えに共感した人だけがあなたを取り囲む毎日が訪れます。

僕のいまの生活がそうです。周囲は自分にとって心地いい、大好きな人たちばかりです。互いの価値観に共感し合える人々と快適に仕事をしています。

プライベートでも同じことがいえます。自分のスタンスをはっきり示しているので、自分に合わない人は寄ってきません。自分に合う人だけがたくさん集まってくるのです。おかげでいつも笑顔と前向きな会話に満ちた日々を楽しんでいます。

これは何も特別なことではありません。個人差はありますが、早ければ数週間で変化が見られ、数か月、遅くとも1、2年のうちには誰にでもかなう夢、誰にでも得られるライフスタイルなのです。

書くこと、そして発信することが、僕たちの人生を本当の意味で自由にしてくれます。

2章

さあ書いて、発信してみよう！

――書くことが楽しい習慣になる簡単な方法

好きなことをとりとめもなく書いてみる

本章では自分の「心の声」や「願望」、そして「専門知識」などを文章にして発信することで「人生に必要なもの」がどんどん引き寄せられるという体験を実際にしていただきます。

発信することで、人生を変える出会いやチャンスが向こうからやってくるのです。

「書いて、発信をしよう！」というと、「え、そんな大《だい》それたことできないよ」と思ってしまう人もいるかもしれませんが、大丈夫です。

ここから説明する方法で、どんな人も、自由にあるがままに「書きたいこと」を発信できるようになります。

まず、苦手意識を自分自身に植えつけないために、書くことのハードルをできるだけ下げる必要があります。**ハードルを下げることで、気持ちよく、楽しく書き続けられる環境が整っていきます。**

たとえば「長文を書くのが苦手」なら、まずは140文字だけのつぶやきをするXやフェイスブック、インスタグラムなどでの自由発信からはじめましょう。

「どうにもこうにも書けない」「書く意欲が続かない」という方は、文章を書くテクニックを頭ではわかっていても、なかなか実践に落とし込めずにいることが多いようです。

そのような方には、僕はいつも次のような「宿題」を出します。

「まず1か月間、Xやフェイスブック、インスタグラムなどで、好きなことをとりとめもなく書いてみましょう」

そして1か月、好きなことをとりとめもなく書く、この「好き勝手日記」を続けられたら、自分を心の底からほめましょう。

文章が苦手で「書くこと」を避けてきた人が、まず1か月間書き続けられたことがすばらしいことです。そしてそれは、その人の人生にとって「革命的なこと」です。自分自身と向き合うことを習慣化できたことでもあるからです。

心の声を素直に発信する。

それを続けたあなたの人生には革命が起こります。心の声を文字化する行為が、あなたの人生を「あるべき方向」へと導いてくれるのです。

ポイントは、難しく考えずに、気まぐれに文字にすること。**ちょっとした移動時間に打ち込み、考え込むことなくその場でアップすること。**

長文ではなく1、2行書けばいいと思って打ち込むことが、あなたに「楽しく書く習慣」を植えつけてくれるはずです。

書くネタが見つからない！という人へ

Xやフェイスブックなどへの書き込みだとしても、「いきなり書くのは気が引ける」という人や「いつも書くネタに困ってしまい、すらすら書けない」という人もいます。

これまで数千回もの文章の個人レッスンをしてきましたが、実際このような方は何人もいました。

理由はいくつかありますが、おもな理由は、「忙しくて自分と向き合う時間がない」「人と会って話したり、販売したりするのが仕事だから、文章を書く習慣になじめない」などです。

たとえば書くネタが見つけられないという方に僕がおすすめしているのは、手帳やスマホのメモ機能に**「移動中に頭に浮かんだこと」をメモする**という方法です。

仕事中やプライベートの時間に「電車」で移動する際、人間の心は必ずなんらかの形で外部から刺激を受けます。

目に入ってくる景色や同じ電車に乗っている人たち、あるいは中吊《づ》り広告や移動中に読んでいる記事からの刺激など、さまざまです。天気や自分の体調から受ける刺激もあるでしょう。

そのちょっとした思いつきや気づきを、その場ですかさず手帳やスマホにメモするのです。メモですから**「キーワード」**程度でかまいません。

「空が秋っぽいな」
「朝ごはんをしっかり食べると元気が出るなあ」
「このさみしさはどこからくるの？」

「恋人にいますぐ会いたい」

それらのメモが、文章を書くときの「ネタ」のストックになるのです。

自分が本当に感じたことや思ったこと、気づいたことであれば、文章にするのはそれほど難しくありません。自分の感情が動いた瞬間を拾い上げ、しっかりとメモをしておけば、あとから気持ちをのせて文章を書くことは可能です。

プロの書き手である僕がいちばん苦しむのも、やはり、**「ネタのストックがないとき」**です。普段からノートなどにネタを書きためているのですが、あるとき、気がつくとストックが空《から》っぽになっていたことがありました。書きためるのを怠《おこた》っていたのです。

しかもそういうときに限って、連載の締め切りは翌日に迫っている……。気持ちは焦《あせ》り、「これ!」というテーマを引っ張り出すのにとても苦労しました。

それ以来、「これは！」と気づきがあった瞬間、すかさずメモして保存しています。ネタがないときの「苦しさ」を思い出せば、「あと回しにせず、すぐに書きとめておかなければ！」と、自動的に体が動くようになりました。

ちょっとでも心が動いたことは、即「ネタ」としてメモしておきましょう。
その行為があなたの書くことへのハードルを大きく下げてくれます。

さて、この作業は、書くためのネタをためるだけでなく、自分自身の心の状態を知る「いいきっかけ」にもなります。「あ！　これが原因で昨日から気分が晴れなかったのか！」など、モヤモヤが解消してしまうこともあるのです。

それでも書くことが浮かばないときは……

何を書いていいかわからない！

それはどんな人でも必ず感じる悩みです。僕も同じように悩んだ経験があります。

イベントのこと？　恋愛のこと？　社外活動のこと？　心のレーダーはこれらのキーワードに反応するものの、それが世の中にウケるか、あるいは読者に支持されるかがわからなくて、覚悟を決めて書きはじめることができなかったものです。

しかし、そんなときは、**まず、いまいちばん自分の心を動かしていることについて書いてみます**。感情を素直に拾い上げて、文字にするのです。

うれしいこと、くやしいこと、悲しいこと、ワクワクすること、なんでもかまいません。**うまく書こうとせずに、心の声をしっかり拾うこと**、それだけに注力してみてください。

「心がまったく動かない」

「心の奥のほうが動いているような気はするけれど、それを文字にできるほど具体的ではなくて……」

そのようなとき、僕は次のような方法をとります。

すると、書けない状態が一変。すらすらと書けるようになるのです。

それは、**「何も考えずに電車に乗って1時間ばかり移動する」**という方法です。

それだけで必ず何かを書きたい衝動がわき上がります。

それはなぜでしょう?

移動することで新しい景色がどんどん視界に飛び込んでくる。それにより自動的に心に動きが生まれるからです。目に映る美しい景色、壮大な景色、それに心が動かされたら、それを「実況中継」してください。そのときの心の動きを拾ってください。

新しい景色を視界に入れる――そのために移動してみるのです。

それだけであなたはまるで歌を歌うように、あるいは呼吸をするように文章を書くことができます。

あまりにも簡単に書くことができるので創作した喜びを得ることもできますし、また、心の中身を吐き出した感じがして、とてもスッキリします。

じつは、いまこの原稿も海辺の近くで、心地いい風と太陽の光を感じながら書いています。とても幸せな気分で、心の奥の扉も大きく開き、心の感度もかなりよくなっています。そこから生まれた心の躍動の一つひとつを喜びながら拾い上げ、文章にしています。

それは、青い海を視界いっぱいに受けとめ、幸せな気分を噛み締めながら、「書いている」というよりも、心に浮かんだ情景をそのまま絵を描くように文字にしているという表現がふさわしいかもしれません。

僕はこのときの自分が好きでたまりません。「人生を謳歌《おうか》している」と実感できるからです。そして、文章がとめどなくあふれ出てきます。

電車に乗って、あるいは車に乗って、**まずは、いまいる場所とは違う景色が見られる場所に、自分自身を連れて行ってみてください。**

時間がない人は近所のカフェや図書館などでもかまいません。いま見えている景色の外側に出てみる。それだけで、書きたいことがわき上がってくるはずです。

僕がブログの執筆をすすめる理由

僕は多くの人にブログを書くことをすすめています。

「いまさらブログ？」と思う人もいるかもしれません。

でも、このインターネットメディアの盛衰《せいすい》が激しい時代、一時的にブームになっても数年で下火《したび》になってしまい、開くことも忘れてしまったソーシャルメディアは数多く存在しています。

しかし、ブログは安定してその存在感を保ち、2000年当初から現在に至るまで、多くの人や企業によって「セルフメディア」として活用され続けています。

ブログを書くことによって、あなたは誰からも邪魔されない、完全なる舞台を得て、そこで完全なる、もうひとりの自分の人生を歩き出すことができます。

なぜなら、ブログをしばらく書き続けているうちに、読者ファンがつきはじめるからです。

そうです。**あなたのブログ発信を通して、新しい人間関係がどんどん構築されていくのです。**

それは会社や学校、あるいは地域のコミュニティの中で「与えられた人間関係」とは異なるものです。そこにいる人はみんな、あなたに共感しています。あなたを必要としている人たちばかりです。

さらにいえば、あなたも彼らを必要としていたのです。

このようにブログを書くことによって共感してくれる人を引き寄せ、自《みずか》らの力で人生模様を変えることができます。

日常生活では、世の中に自分の活動が広く知られ、そこにファンがつく、ということはなかなか稀《まれ》でしょう。もしあったとしても、それはおそらく「会社の看板」などがあるからかもしれません。

けれど、たとえば、「おもしろいテーマ」でも「ためになるテーマ」でも、自分でブログを書いてそれを更新し続けることで、自分が主役の「ステージ」が手に入るのです。

人生を充実させるためには自分が主役になれるステージを持つことが先決です。ブログを発信し続けることで、こっそりと、水面下から**「ゆるいリーダーシップ」あるいは「ゆるいファンコミュニティ」**を創造していきましょう。

書き手としてのプライドが目覚めるとき

ブログを書いて公開すると、ある種、興奮が伴う「刺激」を得ることができます。自分の文章が世の中の不特定多数の人に見られることになり、緊張感と恥《は》ずかしさ、さらには読まれる快感と興奮の洗礼を受けるのです。

もちろん誰にも見せない文章をノートに書き続けるだけでも、人生を変えるには効果的です。自分と向き合い、自分の生き方や考え方を整理することで、人生を好転させる効果が生まれるからです。

ですが、さらなる高《たか》みを目指すのであれば、あえて**「自分の書いた文章を人目《ひとめ》に触れさせてみる」**ことです。

ブログで発言した瞬間、あなたはプロの書き手ではなくとも、そこで自動的に特定のテーマを持った発信者になります。また不特定多数の人に対して発信するため、自分の発言にも責任を持つようにもなるでしょう。

たとえば、いま直面している問題や悩みのことを書くとします。はじめは「自分の苦しい心の叫び」を書くつもりでいると思います。

しかし、**読み手のことを考えたり、そこに書く内容によって自分自身が世の中からどう見えるかを考慮したりすると、ある変化が生まれます。**

「マイナスのことばかり書いていたって仕方ない」「解決するための前向きなアイデアを書かないといけない」といった感情が生まれてくるのです。

それはなぜでしょう?

ブログの書き手として、ある種のプライドが目覚めるからです。

たとえば、いつも文句や愚痴《ぐち》、悪口ばかりいっている「マイナス思考」の人も、ブログを書きはじめることで、**物事を前向きに受けとめ、前向きに表現する習慣が身についていきます。**

やがて生き方のスタンスや普段の言葉づかいにも変化があらわれます。

ブログで発信するのは、単に文章がうまくなるための練習や、楽しい趣味だからという理由だけではありません。**人生に前向きに向き合い、前向きな対人態度を身につけるためのトレーニングでもある**のです。

さて、せっかくブログを書くのであれば、多くの人に読んでもらえるものにしたいですよね。そしてそれを長く続けて、達成感とともに誰かに影響を与えているのだという自負を感じてほしいのです。

そのために、心がけてほしいことがあります。

それは常に**「読者のメリットになることを書く」**ということです。

読んでくれた人が「知って得したな」「読んで問題が解決したな」「なんか心のモヤモヤが消えたな」などと思えるようなメリットを与え続けるということです。

そのためには、あなたが発信したい、書きたいと思う文章の中に何かひとつ、「こういうときはこうしましょう」といったスタンスで、**「教訓」「セオリー」「生活に役立つ知恵」**などを1行でも入れるようにします。これが読者にメリットを感じさせる「大切な1行」となるのです。

シンプルなことですが、これをしっかり意識するだけで、あなたの文章には確実にファンがつきます。

励まし合える仲間がいれば続けられる！

ブログを書きはじめたら、ブログを書いている仲間同士互いに応援し合いましょう。それによって、**誰かとゲーム感覚でつながりながら、より楽しく書くことを続けられるようになります**。同じようにブログを書いている人、特になるべく初心者の人を見つけるといいでしょう。

見つけ方は簡単です。

「ブログを書いているんです」と、まずは自分から言います。

そして相手もブログを書いているかどうかを聞き出します。

またはブログのＵＲＬが書いてある名刺を渡して、このように伝えてください。

「まだまだ初心者なのですが、よろしかったら読んでもらえるとうれしいです」

こうしているうちに相手も「僕もブログを書いていますよ」と教えてくれることがあります。

このときが応援し合えるブログ仲間をつくるチャンスです。

そして、

「あなたのブログを読んでコメントを書いたり、『いいね』を押したりしますね！私のブログもおもしろかったら『いいね』などお願いします」

そのようにお願いしてみましょう。

ただし、このようなお願いをするのは自分と同等のブログのキャリア、あるいは自分よりも執筆実績が少ない相手にしましょう。

いちばんいいのは「さあ、ブログを書こう！」と決めたときに、一緒に書く仲間をつのることです。同じスタートラインに立つ、同レベルの執筆仲間であれば、気兼ねなく「いいね」を押し合ったり「コメント」をつけ合えたりしますね。

なぜ「いいね」や誰かからの「コメント」が大切なのでしょうか？

それは、これらがあなたの心を支える「エール」となるからです。

一生懸命書いた文章に「エール」を送られるだけで、とても勇気づけられます。

そして、書く意欲が不思議なくらいにわき上がってくるのです。

この同盟を結んでおけば**周囲の活躍が、自分自身も頑張る「カンフル剤」**となります。壁をつくらず、自分が成長するためのエネルギーや知恵として吸収することができるのです。

応援し合う仲間を持つ。

それだけであなたの書く習慣は長続きするものとなるでしょう。

書くことが「やみつき」になる3分間

「酔筆《すいひつ》」という、まるで酔《よ》っているかのように、うっとりと陶酔《とうすい》して感情を文字にのせて書く執筆法があります。僕のオリジナルで、文章の個人レッスンでも「もっと入り込んで、酔筆してください！」などとよく言ったりしています。

酔筆できるようになると、多くの方は**「書くことのとりこ」**になります。

書くことが楽しくて仕方なくなってしまうのです。書き終えたあとは疲労感ではなく、恍惚《こうこつ》感を身にまとうことができます。

おそらく脳内に快楽ホルモンであるドーパミンが分泌されたような状態になるのでしょう。僕が書籍の原稿を書くときも同様です。書き終えたあとの恍惚感がたまりません。

執筆するたびに、このような「快感」を仕事にすることができて、「ああ、ありがたや！」と感謝の念がわいてくるのです。

日々の生活の中で、書きながら心を整えることを**「ライティングフルネス」**と僕は呼んでいますが、この「ライティングフルネス」を実感してもらうことは、本書のミッションのひとつでもあります。

この快感は何も書く側だけが得られるものではありません。

じつは書き手の快感は「言霊」として文字にのり、読者の視野に飛び込み、読む人の脳に直接波動となって伝わります。「快《かい》」の共鳴《きょうめい》を呼び起こす波動が、読者の脳の神経回路に深く入り込み、感情に影響を与えるのです。

酔筆のやり方はとても簡単です。

まず、大好きな趣味、大好きなアーティスト、大好きな恋人や子ども、楽しくて何時間やっても疲れない趣味など、**大好きなことを思い出します。**

そして、それを「誰かに伝えるつもり」で書くだけです。

あなたが「書けるネタ」「書いていて楽しいネタ」、そして「読んでいて楽しいネタ」は、あなた自身の「大好きなこと」の中に無尽蔵に存在しています。

ですから、一度スイッチが入れば、書いても書いても書き切れないほど、怒濤《どとう》のように書きたい感情、書きたい情報・知識がわき上がってくるのです。それは僕の脳もあなたの脳も同じことです。

試しに3分間、自分が「大好きなこと」について、その楽しさ、愛《いと》しさ、すばらしさを「誰かに伝える」つもりで書いてみてください。

すると、あなたは衝撃を受けることになります。あなたのペンは3分では止まることなく、まるで取り憑《つ》かれたかのように動き続けるからです。あるいはスマホやパソコンのキーボードをこれでもか！　と叩き続けるのです。

書くのをやめる――そのことを想像しただけで、ストレスすら感じます。これが「酔筆」です。

魂が感じていること、人に伝えたいこと、価値があると思っていること……。

それらを思いのままに文字にすること。感情を文字にのせ、少々の誤字脱字は気にせず、まるで文字に自分が乗り移ったような気持ちで、あるいは自分が文字そのものになったようなつもりで「酔筆」を楽しんでください。

「生きることを楽しむ」をテーマにした僕の著書は、この「酔筆」によって書かれたものがほとんどです。

酔筆の度合いが強ければ強いほど、魂がうまくのった文章を書くことができます。そして、そのような作品こそがベストセラーとなってきました。逆に、小難《こむずか》しく、頭がよさそうに書いた本は、売れ行きもいまひとつだったような気がします。

好きで好きでたまらないことを、あふれ出る感情で「酔筆」する。それによって書くことがやみつきになったらしめたものです。楽しくてやめられない——その作業が幸運を運んでくるのですから、もういうことはないですね。

まずは自分の心の世界に酔って酔って酔いしれて、思いのままに書きなぐってください。**自分の気持ちが酔えない、書いていて心がワクワクしないテーマはどんどん切り捨てましょう。**

そのようなテーマの中には、書いていて楽しいことも読者を喜ばせることも、そしてあなたの未来を輝かせる幸運を呼ぶ波動も存在しないからです。

「自分ならでは」の執筆テーマの見つけ方

胸の高鳴りがなくても、「書きたい！」という強い気持ちがなくても、必ず誰にでも書ける方法があります。

それは**「自分の仕事について書く」**ということです。

仕事の日記を書くのもいいですね。

今日起こったことを書くのはそれほど難しくないと思います。1日の記憶をたどって、その日のワンシーン、ワンシーンを書いてみましょう。

そのときの心境や「もっとこうすればよかった」といった反省など、頭に残るシ

ーンをそのまま文字にするのです。

それをするだけでたくさんの「いいこと」が生まれます。

まずは1日の行動を書くことで自分を客観的に振り返ることができます。

自分の行動が仕事にどのような影響を与えたか、あるいは、周囲の人間関係にどのように影響を及ぼしたかなどを見直すことができるのです。

それにより、**あなたの明日からの行動は、今日よりもきっと洗練され、自信にあふれ、さらに知性とユーモアに満ちたものになる**はずです。

もしその日に失礼な相手、無礼《ぶれい》な相手と出会った場合には、日記を書きながら**「言い返すセリフ」**を考えることもできます。

いいセリフが見つかったら、次に同じような目にあいそうになったときにそれをぶつければいいのです。その先嫌な思いをすることもなくなるでしょう。

仕事の日記を書くことに慣れたら、次のステップにいきましょう。

これから紹介する「仕事に関する書きもの」は、あなたの人生に奇跡を起こす可能性を秘めています。

それは、**「仕事の専門分野」の知識を、その分野のことをあまり知らないお客さまに向けて、わかりやすくていねいに手ほどきをするようなつもりで書く**というものです。

たとえば旅行会社に勤める人であれば、「日本一やさしい！　はじめての海外旅行入門」などをテーマにします。どの書籍にも、そしてどのウェブサイトにも負けないくらいやさしく、かつ詳細に、愛を持って海外旅行の楽しみ方を手ほどきしてみてください。

ここでひとつ大切なことがあります。

それは**書いた文章を、人目に触れる場所に公表する**ということです。

ブログやSNSで発信したり、印刷物にして仲間うちや社内で配ったりしてみてください。すると、あなたには確実にファンが生まれます。

誰よりもていねいに、しつこいぐらい読者に寄り添って書く。

それが誰にも負けない、便利な、そして心にやさしい、人の役に立つ有意義な読みものになるからです。

あなたが専門とする職について書く――それだけで誰かの役に立ち、あるいは不安を取り除き、勇気を与えることができ、そこに読者との絆が生まれます。

その一連の事象が、まぎれもなく**あなたの自己肯定感を高め、「必要とされている」と感じる**ことにつながっていくのです。

コンプレックスと挫折は「宝の山」

ひとつ前の項で専門分野について書く話をしましたが、特技やキャリアなど、他人に対して優位性のあるものを持つ人だけが「書くことで人生を変えられる」わけではありません。

なぜなら、コンプレックスや挫折も、立派な執筆テーマとなるからです。

コンプレックスや挫折をテーマにすると、**自分の人生を切り開くために有効な「気づき」が得られる**こともあります。

たとえば自分の失敗を乗り越える方法、さらにはそのときの心情、自分の癒し方から奮《ふる》い立たせ方までを書くことで、頭の中が整理されます。人生を生き抜く知恵が体系化されるのです。過去の知識や経験を「使えるセオリー」に変えることができます。

嫌な出来事、つらい出来事、過去のトラウマは、できれば忘れてしまいたいことかもしれません。しかし、それに向き合い、乗り越えた過程を再度知ることにより、生きる力を増幅《ぞうふく》させることができるのです。

さらには、それを読んだ人がファンになったり、共感者が生まれたり、人生の幅が広がったりすることも、**自分の失敗や挫折を書くことの「醍醐味《だいごみ》」**です。

此花《このはな》さん（50代／女性）は、離婚を経験したシングルマザーです。此花さんは「何か書きたい」と思いながらも、なかなかテーマが見つかりませんでした。これという自分の特技を特定することができなかったのです。

しかし、自分にとってのある「最大の強み」を発見しました。

これまで自分の弱点だと思っていた「シングルマザー」である点が、じつは「強み」になることに気づいたのです。

世の中には自分と同じようなシングルマザーになるかどうかを迷っている女性が大勢いる。そして、自分はその人たちにとっての「先輩」だ。知識も経験もたくさんある。ならば、自身の経験をもとに、そういった人たちにアドバイスをしよう！　同じ境遇の人たちを助けよう！　此花さんはそのように決意したのです。

そして、自身の離婚とシングルマザー生活の経験から「シングルマザー入門」というタイトルのブログを書きはじめました。

しばらくすると、読者からのコメントや質問が増え出しました。

さらには、信濃《しなの》毎日新聞から「シングルマザーの生活」というテーマに関する取材依頼がきたり、カルチャーセンターから「シングルマザーの子育て」をテーマとする講師の依頼がきたりするようにもなりました。そして、ついには『シングルマザー入門』という電子書籍の出版も実現しました。

此花さんは「書いて発信する生活」により、世の中の人の役に立っている、という充実感を覚えながら日々を過ごしています。

かがみやえこさん（50代／女性）は、自分の**傷つきやすい性格に悩んでいました。**しかし、そのことを逆手《さかて》にとって「心が傷つきやすい人向け」のコラムを書くことに決めました。

現在は、**「些《さ》細《さい》なことを気にしなくなる考え方」**と題したブログを執筆することで同じように小さなことが気になって仕方ない読者の心と向き合っています。

そして、電子書籍を出版したり、ブログの読者と交流する朝活なども実施したりして、活動の幅をどんどん広げています。

それと同時に、かがみさん自身もクヨクヨしそうなときは、「自分はみんなを勇気づける立場なんだから」と、発信者の立場から自分で自分にアドバイスをして、落ち込んだり、悩んだりすることを食い止めているそうです。

このように、コンプレックスや挫折と向き合うことは、**自分の人生経験を体系化しマニュアル化する知的財産の整理作業**であり、さらにはそれを乗り越えた話は、読者を勇気づける「宝の山」なのです。

書くことは「ジョギング」と同じ

書けば書くほど書くことが楽しくなるのは、「走れば走るほど身が軽くなって、走るのが楽しくなる」のに似ています。走るたびに体が絞《しぼ》られる。それと同じように、書くことによって得られる変化があります。

「自分と向き合う状態」がつくられるので、自分の中の「心の軸」が明確になるのです。

まわりに流されそうになったり、自分らしさを失いそうになったりしたときにも、書くことによって自分本来の感性を取り戻し、前向きな心の状態へと軌道修正することができます。

書くということは、もっとも素直な状態で自分の心や欲求と向き合い、自己観察をする行為そのものだからです。

書き続けることで、自分の本心に気づきやすくなります。さらに、自分を偽《いつわ》ることができない体質へと自然と変わっていくのです。

また、書いたものが、ブログなどで人の目に触れることにより「人とのつながり」が生まれたり、あるいは切れかかっていた縁《えん》がつながったりします。

とはいえ、**書くことが苦痛だという人もいます。かつての僕もそうでした。**

もちろん、そのような人は無理をしなくていいのです。無理をしすぎると「書くこと」が本当に嫌いになってしまいます。書くのをやめてしまうことにもなりかねません。それは、せっかくの人生のシフトチェンジの瞬間を棒にふるのと同じことです。

書くことを一切やめてしまうことで、書く習慣によって得られるメリットを放棄してしまうのは、もったいないことです。

まずは、走るのが苦手な人や運動不足の人がとるような手法でやってみましょう。5分走ったら5分歩く。100メートル走ったら100メートル歩く。そのようなレベルからでいいのです。

1行書いて休む。2行書いて休む。そうするうちにだんだんと長い文章が、楽しみながら書けるようになります。


「あんなに書けなかった自分がウソのよう」

「書けば書くほど、書きたいことがわいてくる」

「書くことが楽しくて、楽しくて」

書くことに慣れてきた人からはそんな声も耳にします。

無理せず、少しずつでも続けることで書くことが習慣化し、しまいには書かないと禁断症状を伴うものへと発展していくのです。

禁断症状などと書くと「麻薬」みたいで、害があるように思われるかもしれませんが、実際はその逆です。

書いている最中は脳内にドーパミンが放出され、快楽を伴う瞑想状態——ライティングフルネス状態が訪れるのです。

書くことで心と思考は整い、読者の役に立つ創作物は新しい出会いを引き寄せ、周囲の人間関係までも良好にしてくれるのです。そこにはプラス要素しか存在しません。

いちばんうれしいのは**自分の専門分野、専門知識の情報を発信することで、オンリーワンの立ち位置をつくることができる点**です。

誰にも邪魔されない自分の世界観を通じて、自分らしい生き方をデモンストレーションしてみましょう。

自分の文章が「ひとり歩き」しはじめる瞬間がある！

不思議な現象があります。それは感情を文字にのせながら書いた文章は、必ず「クチコミ」で伝わるということです。

読んだ人の心を打ち、その文章が読者の友人にメールなどで転送されたり、あるいは印刷されて配られたりして周囲にも広まっていきます。

「心のオーラを文字に宿らせるとクチコミで伝わる」

これについてはあまり大きな声ではいえないのですが、僕自身もコラムを書く際に、気分がのっているときとそうでないときがあります。そして、クチコミになった記事を見るとそのすべてが、気分がノリノリのときに書いたものだったのです。夢中になり、文章を書いていることすら忘れ、書きなぐったに近い文章ばかりでした。**反対に、気持ちがのらないまま、ただていねいに、きれいにまとめた文章は「クチコミ」にはなりませんでした。**

このように、**自分の気持ちは文章を通して読む人の心に強く伝わる**のです。

気持ちを込めて書く。心のオーラを文字に宿らせるつもりで書くことが、読者の気持ちをつかむことにつながるのです。

そしてその文章は、いつのまにか「ひとり歩き」をしてさらに広がり、自分でもわからないところで誰かの心を動かすことがあります。

あなたの心の波動は一文字一文字に確実にしみ込みますから、しっかり心を整え、気持ちを込めて書いていきましょう。

自分の魅力を高めるプロフィールの書き方

あなたも、誰かに会って「いいな」と思ったら、まずその人のSNSやブログなどを見るのではないでしょうか。おそらく相手もSNSやブログからあなたの内面や生き方を確認しているはずです。

ということは、SNSなどのプロフィール、あるいはつぶやきや投稿の内容によって人の心がつかめるかどうかが決まるといっても過言ではありません。

プロフィールには自分自身のことがよくわかるようにしっかりと書き込みましょう。趣味や好きな本、映画、スポーツ。さらには「どんなジャンルの仕事をしているのか」「どんなやりがいを感じているのか？」「どんな希望や夢を抱いて生きているのか」――それらがひと目でわかるように書き込んでください。

肩書きや学歴など、自分を高く見せることばかりにとらわれてはいけません。生きがいをもって日々楽しんでいる、明るくアクティブな印象を与えられるように工夫をしましょう。

とくに周囲を幸せにすることにつながるような「生き方の信念」は、人の心に強く響きます。恥ずかしがらずに自分の思いを書き込むことです。

3章

「あなたの文章が読みたい！」

——読み手に共感される文章とは？

はじめての投稿でも心をつかめる鉄板ワザ

誰かに自分の文章が読まれるなんて恥ずかしい――誰でもはじめてフェイスブックやX（旧ツイッター）などのSNSから発信するときには、そのように気恥ずかしさを覚えるものです。「書くことがない」という場合もあるでしょう。

そのようなときに使える書き方をふたつご紹介します。

ひとつめは、「ああ、気持ちいい天気だ。今日も頑張ろう！」のような、**「感情・感覚＋行動計画」**のパターン。これを使えば、あなたは自分の心と素直に向き合い、それを素直に言葉にすることができるようになります。

たとえば、

「ああ、眠い！　そろそろ眠るとするか」
「よし、仕事をやり終えた！　さあ、遊びに行くぞ〜」
「腹《はら》減ったなあ。ご飯を食べに行こう！」
「ああ暑い！　プールに入りたい！」

など、いまの気分に合わせて考えてみます。そしてそれを素直にフェイスブックやXに投稿します。つぶやきを、その内容を象徴する「写真」などとともに載《の》せると、臨場感《りんじょうかん》が増してさらにいいでしょう。

僕も海に行き、ビーチハウスのテーブルの上にパソコンとビールとノートを置き、「さあ、今日も最高の原稿を書くぞ！」と短く書き込んだりします。自分への「宣言」にもなりますし、気分転換にもなるので、なかなか効果的です。

もうひとつは**「比喩《ひゆ》法」**で、写真と一緒に用《もち》います。写真に写った人や物を「まるで○○みたい」と、「似ている何か」にたとえて表現します。

そのあとに「もうひとコメント」付け加えてもいいでしょう。

「おお、あの雲、ソフトクリームみたい！　食べてしまいたい！」などがその例です。「似ているもの」のたとえが「瓜《うり》ふたつ」であればあるほど、共感の反応は大きくなります。

また、たとえ似ていなくても、かえって笑いがとれるかもしれません。

これらはいずれも、発信に慣れていない人にもすぐできる方法なので、「発信したいけれど、何を書いていいかわからない」という場合や「書くネタがないな」というときなどにぜひ使ってみてください。

ここでのポイントは、「ネガティブなことはなるべく書かない」ということです。

たとえ、苦しい気持ちがつのって「この気持ちを誰かに知ってほしい！」と思ったとしても、**悩みや苦しみを書くのは10回に1回程度にしましょう。**

ネガティブな書き込みは、あなた自身を「ネガティブ」であるかのように印象づけてしまいます。「後ろ向きなイメージ」を与えてしまうのです。

会話ならまだしも、文字でネガティブな表現をすると、そのネガティブエネルギーは何倍にも増幅されて相手に伝わってしまうのです。そうなると、幸運とは真逆のものを引き寄せてしまいます。

なるべく前向きな言葉をつぶやくようにしましょう。

前向きな感情から生まれる共感の積み重ねのあとに、誰かがあなたに「幸運」を運んできてくれます。**幸せを感じるには努力も必要ですが、結局誰かの心が動き、誰かがあなたにもたらしてくれることのほうが多い**のです。

会社での昇進も、いい恋愛も、仕事の依頼も、相手の心が動いたがゆえの出来事なのです。

自分の心の躍動を素直に書き込む効果

フェイスブックやXから気軽に文章を発信できる公式はほかにもあります。

それが**「実況中継＋感想」**という公式です。

発信するのは短い文でかまいません。たとえば、「ただいまランチタイム。これはおいしい！」といった表現です。

いま、あなたが行なっていることを実況中継して表現する、というのがポイントです。

たとえば、「ただいまランチタイム。これはおいしい！」。

前半の「実況中継」を、後半の「感想」で締めます。この場合、「ランチタイム」が実況中継、「これはおいしい！」が感想にあたります。

そのほかにも、

「ただいま散歩中！　風が気持ちいい～」

「こんな時間まで残業……。終電まで頑張るぞ～」

など、いま行なっていることを感想とともに発信します。それに加えて向き合っている景色を写真に撮《と》って一緒にアップすれば発信文のリアル感は倍増します。

旅日記もいいですね。「いま、滝の裏側にいます！　水しぶきが霧になって舞っています。滝の向こうに見える青空が乱反射しています！」

そんなふうに躍動する気持ちを文章にのせ、「写真」とともに発信するのです。

心が躍動した瞬間こそが「書きどき」です。そのときを逃《のが》さず、実況中継をするような**「瞬間日記」**を発信してみてください。

前向きな感情による共感が得られ、多くの反応があるはずです。

難しく考えずに、いまやっていることと自分の感想を書き、それとともに写真を載せる。それだけで、あなたは現在のアクティブな動きをライブ感たっぷりに読者に伝えることができるのです。

自分がいま、向き合っていることを誰かにわかってもらうこと。

それには大きな意味があります。

自分のエネルギーを何に使っているのかを誰かに理解してもらい、そして共感してもらうことができるからです。一瞬一瞬の行動、それは生きることそのものです。そうです。**あなたは実況中継により、生きていること、自分自身のエネルギーそのものを肯定してもらうことができるのです。**

読者はあなたの活動に刺激され、自分の命のエネルギーを、次は何に使おうか？と本能的に考えます。

文字や写真による躍動感たっぷりの発信が、あなたの知らない誰かの人生までも躍動的に変える。そんなプラスの連鎖《れんさ》をつくることができるのです。

わかりやすく書くことがなぜ大切？

誰でも自分の専門分野を持っているものです。その専門分野の知識をぜひ定期的に発信しましょう。

僕の場合であれば、

「個人のための書くことによるセルフブランディング法」

「書籍出版を起点にした、企業ブランディングのためのマーケティング法」

です。

まず、**「顧客になり得る方々が困っていること」**を想定し、それらを書き出します。

たとえば、「書くことが苦手」という個人の悩みや「企業の目標が社内外に浸透していない」「企業が持っている、役に立つ方法が世の中に伝わっていない」など、企業体としての悩みなどがあります。

次に、その**「悩みを解決するために自分ができること」**を書き出します。

僕の場合は、「楽しく簡単に、おもしろいコラムを書く方法」、あるいは「誰でも10分でできる！　ビジネスレポートの書き方」をテーマにしたブログやＳＮＳを発信することによって、文章が苦手な人の悩みを軽減することができるのではないか、あるいは「企業の持つメソッドを読者が再現できるように仕立てる」ことなどがあります。

このように、顧客になり得る方々の困っていることを想定して自分の専門分野を発信すると、人々や企業の役に立ち、そして彼らからの信頼を勝ち取ることができます。

さらにもうひとつ、人々が抱く憧れや将来像、夢などを想定し、**「自分が力を貸**

せる内容」について書き出します。

僕がお手伝いできるのは「本を出したい、文化人になりたい、文章表現をしながら多くの人と出会いたいという人々の希望をかなえること」「企業自体をブランディングしたい、BtoBの売上げを拡大したい、リクルーティングの課題を解決したいという企業にアドバイスすること」になります。

そこで僕が発信すべきは「はじめての出版を成功させる方法」であり、「出版を起点とした総合的な企業ブランディング術」ということになります。

これらを発信することにより、僕は希望を抱く人に寄り添い、出版という分野においてビジネスパートナーシップを組む機会を得ることができるのです。

自分の専門分野を発信するとき、ここで大切なポイントがあります。

それは**「小学校6年生に説明するつもりで書く」**ということです。

あなたはその道の専門家です。あなたにとっては当たり前のことでも専門外の人には難しく感じることがあります。誰が読んでも理解しやすいように、平易な表現で書くことが大変重要です。

これによりあなたは「初心者にもわかりやすく、ていねいに教えてくれる専門家」という立ち位置を得ることができるのです。

あなたがすべきことは**ハイレベルな知識の放出ではなく、その知識を噛み砕くように細かく「分解」し、それを平易な表現で発信すること**に尽きます。

僕の塾生で、シャッター販売会社を経営する竹山好典さん（30代／男性）は、シャッターの豆知識やメンテナンス方法をブログに定期的にアップしました。

すると、普段なじみのない「シャッターの知識」が読者に伝わり、「親切でていねいな業者」というイメージづけに成功。それとともに受注も増え、会社の売上げも右肩上がりとなったのです。

たくさんの共感を得たければ「実体験」を盛り込む

ブログやSNSの発信で「たくさんの共感を得たい」と思う人や企業が多くなっています。ファンを増やすには、どれだけ共感を得られるかが重要だからでしょう。

では、「共感が得られる文章」と「得られない文章」とでは何が違うのでしょうか？　答えはとてもシンプルです。

それは**「体験に根ざしたものであるかどうか」**に尽きます。

たくさんの共感を得たいのであれば必ず「自分自身の体験を書く」ことが大切です。写真を入れられるメディアであれば、そこに「関連する写真」も入れましょう。

人の心を打つ文章には、そこに必ず「書き手の体験」そして「息づかい」が存在しています。

体験が書かれていない文章はどこまでいっても平坦《へいたん》です。伝えたいことを立体的にイメージさせることができないのです。

それは読み手に疑似体験をさせられないことを意味します。そういう文章では相手の感情を揺さぶることはできません。

では、具体的にはどうしたらいいのでしょう？

簡単にいえば、**自分が体験していること、あるいは体験したことを、そのときの感情のままに心を躍《おど》らせながら書く**、ということです。「体験」を心を動かしながら書くと、その文字に必ず「躍動感」がのります。

たとえば次の文章は、「文章の上達法をレクチャーするコラム」です。理論を説明する文章も、文中に「体験」を入れて書くとこんな感じになります。

「読みやすい文章を書くためには横にお手本となる文章を置いて、トーンを真似《まね》しながら書いてみましょう。そうすると、読みやすい文章のリズムが自然に身につきます。僕の場合、デビュー当時はお手本となる本を横に置き、その文章をなぞりながら同じリズムで文章を考え、原稿を書いたものです。大先輩の型に合わせて書いた文章はとても読みやすく、スマートで、かつ読みごたえのあるものになりました」

この**「僕の場合、~なりました」の部分が自身の「体験」**にあたります。

体験を入れることで文章が立体的になり、真実味が増し、心に響くものへと変化するのです。

理論のあとに実際の体験や実例を書く。

これをぜひ覚えておいてください。それだけであなたの文章は何倍も読者の心を打つものへと変化します。

「書くのが苦痛」が消えるおまじない

そうはいっても、書くことが苦痛で仕方ない。書こうとすると、まるで金縛《かなしば》りにでもあったかのように固まって、ちっとも筆が進まない。「書かなきゃ」と思っただけで、具合が悪くなってしまう……。

そのようなときに効果的な「おまじない」があるのでご紹介します。

それは、

「文章を腕で書かない。胸の真ん中で書く」

というものです。それを意識するだけで、「文章がうまくないから書けない」という思いにとらわれなくなります。

胸の真ん中に情熱を抱き、その情熱を文字という「道具」を使って表現することで、**「相手の心に響く文章」が書けるようになり、結果として読者も増えていくのです。**

なぜここまで強く言えるのでしょう？

それは僕自身がこの手法によって読者やファンをつかんだ経験者だからです。

書籍の編集者さんがよくこんなことを言います。

「小手先《こてさき》でうまく書こうとして書かれた文章に響く読者はいない」

それよりは荒削《あらけず》りでも情熱のこもった文章のほうが、読者の心に刺さり、共感を得られるということなのです。

胸の真ん中に「書きたいことのエネルギー」を思い浮かべ、それをどーんと文字にぶつけてそのまま表現する。2回目の見直しで、多少読みやすく整える。

僕のシリーズ21万部超えのヒット作『もう「いい人」になるのはやめなさい！』（KADOKAWA／中経出版）はそのようなメンタルコントロールにより生まれました。

うまい文章を書こうと構える必要はありません。

胸の中の情熱、魂を文字にぶつけて思いのままに、「話しかける」ように表現してみる。まずはそれをくり返してください。

あなたの文章は次第に人の心を打つものへと進化していきます。

目の前にいる人に話しかけるように書く「トークライティング法」

ここからは、具体的に長い文章を書く練習をしていきましょう。

せっかく書くなら、自分が書いた文章で読む人の心を少しでもうるおしたいですよね。

前項で「『話しかける』ように表現する」、と書きましたが、僕が指導している**「トークライティング法」は文章を書き慣れていない人や苦手な人でも、必ず読者の心に届く文章が書けるようになる奇跡のメソッド**です。

しかも「会話」の練習をするだけで誰でもマスターできてしまう、とてもシンプルな方法です。

さあ、あなたもトークライティング法で「新しい一歩」を踏み出しましょう。

トークライティング法をひと言でいえば、**「目の前に人がいることを想像し、その人に話しかけるつもりで書く」**というものです。この方法を使うだけで、人の心に響く、イキイキとした文章が書けるようになります。

なぜそんなことが可能になるのでしょうか？

それは**「語りかける」**というところにポイントがあります。伝えたいことを自分の「話し言葉」で実際に声に出してみるのです。

実際の「トークライティング講座」では、2人1組になって互いに話しかけるようにして言葉を発し、それを文字にします。**ペンを持たずに相手に話しかける。それをあらためて文字にする**、というトレーニング方式です。

まず「目の前の人」に意識を集中し、語りかけるように言葉をつくり出すので「心のこもったフレーズ」ができ上がります。これをするだけで本当に文章が見違えるほど「上質」になるのです。

最初は「うまく書けたのは偶然かな？」と、みなさん首をかしげますが、何度やっても結果は同じ。どんな人でもトークライティング法で文章作成力が驚くほど早く上達します。

たとえば、こんな文章があります。

「電車で海に行くと気持ちぃぃ。広がる景色が身も心も解放してくれます」

気持ちいいとは書かれていますが、どこか無機質な印象があります。また平坦でのっぺらぼうな感じも受けます。まるで「誰かに書かされた」感じのする文章です。

しかし、好きな人、大切な友人など、語りかける相手が目の前にいることをイメージしながら、書いてみるとこうなります。

「今日は気持ちがいいですね！　いま、電車で1時間ほどのところにある海に来ています。家の中でテレビを観ているよりも、こうして実際に体を動かして移動してみると、こんなにも気持ちがいいんですね。広大な景色が見える場所に思い切って移動する。それだけで、人の心って簡単にパカーンって開くのですね。こんなにも癒やされることに気づきました」

このように目の前の誰かに話しかけるように、あるいは実際に誰かの写真を貼って、その写真に話しかけるつもりで書くだけで、文章は生まれ変わるのです。読んだ人に与える影響も変わっているのが一目瞭然《いちもくりょうぜん》でしょう。

文章にはイキイキと、誰かに伝えたくてたまらずあふれ出たような「ノッている文章」と、誰かに書かされたような「ノッていない文章」の2種類があります。

前者は人の心を強く動かします。読者のふところに一瞬で潜《もぐ》り込んで心の奥底までしみ込み、さらにはその人の生き方や考え方にも影響を与える力を持っています。

このような気持ちが文字にのった文章を書くのと、ただ文字が並んでいるだけの文章を書くのとでは大きな違いがあります。

どちらの文章を発信した人に、より多くの人の心が吸い寄せられるか？　その答えは明白です。

ちなみに、プロの書き手はこのような「書かされた感たっぷり」の文章を書いた時点で、もうキャリアダウンがはじまります。言葉の羅列でしかない「抜け殻《がら》」のような文章では読者の心に届きません。そして、読者は次第に離れていってしまうのです。

楽しい気持ちで書くと文章に「命」が宿る

文章を書くときに、**「過去の楽しかった思い出の写真を壁一面に貼って、ワクワク感を高めて書く」**という方法があります。

これまでに撮影した楽しい思い出の写真をパソコンの画面後方の壁に貼ります。そしてそれを見て、思い出にひたりながら書くのです。

すると楽しかった思い出に心がホクホクしてきます。その状態で書くことで、文章に命が宿ったかのような躍動感が生まれるのです。

それだけではありません。この「思い出の写真」を見ながら書くことで、文章の中に、**そのときの楽しかったエピソードや、教訓になったエピソードを盛り込むこ**

ともできます。

先にもお話しした通り、中に実際の体験がひとつ入るだけで文章は見違えるほどに変化します。

実体験や実例が書かれているだけで、文章に立体感が生まれ、読んだ人の心に強く訴えかけることができるのです。

僕は著者デビュー当時、恋愛テーマのコラムを書いていたのですが、この方法がとても役立ちました。

10代からそれまでに参加したイベントやパーティ、旅行などの楽しい思い出写真を壁いっぱいに貼り、その写真を見ながら、自分や友達の恋愛模様を詳細に思い出しました。

そして「あのとき、あの人とこの人がこうなって、その原因はこうだったなあ」などと詳細に思い浮かべながら文章にしたものです。

このようにして書いたコラムは、心理面を解説しただけの文章とは一線を画《かく》す、リアリティあふれた恋愛コラムとなり、のちに評判になりました。

あなたのスマホ、机の引き出し、アルバムの中にも必ず思い出の写真があるはずです。それらを取り出して、じっと眺めてみてください。それだけであなたの執筆力は、グンとレベルアップするはずです。

誰でも説得力のある文章が書ける「ブロック法」

語りかけるように書くトークライティング法、さらに「そこにワクワク感を高めて書く」という方法を説明しましたが、ここからは、それを説得力のある文章に落とし込む「ブロック法」を紹介します。

この方法は、「書きたいテーマ」を最初にブロック分けし、そのブロックの中に書くべきことを一つひとつ書き込んでいくやり方です。

この方法を活用すると明確でムダがなく、それでいて感情がこもった文章を作成することができます。

これまで7000回以上、このブロック法による文章の指導をしてきましたが、

90％以上の人が「わかりやすくて心に響く、説得力のある文章（お役立ちコラム）」を書けるようになっています。

文章を書くときには「起承転結」が大事といわれますが、それではほとんどの人が書くことができないと思います。

じつは僕も「起承転結」を使った文章が書けなかったひとりです。無理に起承転結を意識して書いて、とても不自然な文章になってしまったものです。

一方、このブロック法で文章を書くと、小学生でも自然に文章を組み立てることができます。

実際に、小学生にブロック法を使って文章をつくってもらったことがありますが、小学生とは思えないほど、わかりやすく整った文章を書くことができました。

このように、ブロック法は誰にでも使いこなせる、とっておきの文章術です。

ブロック法の基本構成

ブロック法は次のような構成になります。まずはこの順番で、目の前に人がいると想像して、話しかけるように言葉にしてみてください。

そのあとに、頭の中に記憶したセンテンスを文字として書きとめます。

❶ ○○なときがありますね……→**シチュエーション設定**

❷ そんなときは●●しましょう……→**問題解決アドバイス**

❸ そうすると□□になることができます……→**結果の説明**

❹それは■■だからです → 結果が得られる理由の説明

❺でも××すると
◆◆になってしまいます → 禁止事項の説明

❻Aさんは●●をして
□□になることができました → 事例

❼○○なときは●●しましょう。
□□になることができますよ → ❶❷❸を再度結論で言う

この型に当てはめて書いていきます。

くり返しになりますが**重要なのは、はじめは文字を書かずに口を動かす**ということです。

最初からペンを持ったり、あるいはキーボードに向かったりして、「書かなきゃ！」と意気込んでしまうと、心が硬くなってしまい、一文字も書けない状況になってしまうからです。

だからこそ、まずは「会話」をするつもりで口だけを動かしましょう。

すると、あなたの脳は会話をするための言葉をつむぎ出そうとフル回転します。

じつはこのとき、あなたが「うまく書けない」と苦悩しているときとは少し異なる脳の部位を使っています。

僕自身**「書けない人」から「書ける人」に移行する過程で、脳の使う場所が確実に変わってきたことに気づき**ました。

いま、僕が本などを書くときに使っているのは脳の「会話機能」の一部であると確信しています。僕は脳科学者ではないので実際に確かめたわけではありません。しかし、脳が働いている箇所が、文章が苦手だった頃とは明らかに異なっているのがわかるのです。


さあ、とにかく実践です。

まずはあなたが書きたいテーマを決めましょう。

たとえば「読んだ人の役に立つテーマ」を選んだら、そのノウハウを教えてあげるというスタンス、つまり「先生」の立ち位置を取りましょう。それにより「何かの役に立つノウハウがあるかもしれない」と、読む人がメリットを感じて、あなたの文章を読んでくれるのです。


テーマは決まりましたか？

では何かひとつ、例を挙げて説明していきましょう。

まずは「基本編」です。

たとえば、あなたが「ダイエットに成功した人」だとします。その設定でトークライティング法とブロック法を使ってコラムを書いてみましょう。

【基本編】ブロック法でコラムを書く

❶ ○○なときがありますね ……→ **シチュエーション設定**

ダイエットがなかなかうまくいかないときがありますよね。

❷ そんなときは●●しましょう ……→ **問題解決アドバイス**

そんなときは、まず食事の量を少しだけ減らして、3食きっちり食べることからはじめてみましょう。

❸ そうすると□□になることができます ……→ **結果の説明**

これによりあなたは少しずつ無理なくやせることができます。

❹それは■■だからです……→結果が得られる理由の説明

それは空腹をあまり感じることなく、
1日のカロリー摂取量を減らすことができるからです。

❺でも××すると◆◆になってしまいます……→禁止事項の説明

でも食事をまるまる抜いてしまうと、体が飢餓《きが》状態になり、
カロリーの吸収率が高くなって逆に太ってしまいます。

❻Aさんは●●をして
□□になることができました……→事例

僕はこのやり方で、さほど頻繁に運動をせずとも
1か月で2キロやせることができました。

❼ ○○なときは●●しましょう。

□□になることができますよ……→❶❷❸を再度結論で言う

なかなかダイエットが成功しない——そんなときは、まずは食事の量を少しだけ減らして3食きっちり食べることです。それによりスムーズにやせることができるのです。

となります。

型に当てはめることで、簡単にまとめることができますね。しかも見ての通り、**しっかり読者にメリットが伝わる文章になっています。**

さあ、あなたもやってみましょう。テーマは何がいいですか?

ゴルフ上達法、ジョギングのコツ、子育て、株投資、ファッション、ヨガ、美容、婚活、心を癒やす方法、旅行を楽しむコツなど……。

自分が好きな、あるいは得意なテーマを決め、まずは型に当てはめて口頭で表現してみてください。

それからワンセンテンスずつノートに書くか、あるいはパソコンに打ち込めばいいだけです。

ブロック法で文章が作成できたら、次は応用編です。今度は少し長めの文章作成に挑戦してみましょう。

【応用編】ブロック法で長文に挑戦！

長文の場合でも、やり方は同じです。目の前の誰かに実際に話しかけるように、まずは声に出して言ってみてください。それをノートかパソコンにワンセンテンスずつメモしましょう。

たとえば、あなたが「早起き」が得意な人だとしましょう。そこで「早起き」のコツを説明するブログを書く、という設定でいきます。

❶○○なときがありますね……→**シチュエーション設定**

早起きをして仕事や好きなことをして1日を充実させたい。そんなふうに思うときがありませんか？

❷そんなときは●●しましょう……→**問題解決アドバイス**

そんなときは早朝に誰かと「約束」をしてしまいましょう。朝、カフェで打ち合わせをする。あるいは「先に起きたほうから相手にメールを送る」などでもかまいません。

❸そうすると□□になることができます……→**結果の説明**

そうすることで、朝、簡単に起きることができてしまうのです。

❹それは■■だからです……→結果が得られる理由の説明

なぜそんなに簡単に早起きすることができるのでしょうか？　それは自分だけとの約束ならば簡単に破れてしまいますが、「人との約束は破るわけにはいかない」という心理が働くからです。約束を破ることは相手に迷惑をかけることになるからです。

❺でも××すると◆◆になってしまいます……→禁止事項の説明

だからといって、あまりにも早い時間に約束してしまうとかえって失敗しがちです。二度寝して遅刻してしまったりすることもありますから、約束の時間をたとえば朝6時ではなく7時30分、あるいは8時にするなど、最初はハードルを低く設定することが重要です。

❻Aさんは●●をして□□になることができました……→事例

メーカーに勤めるAさん（35歳）は、残業時間中に睡魔に襲われ、いつもミスばかりしていました。

しかし、あるとき同僚と朝7時30分に会社近くのカフェで朝食をとりながら「前倒し残業」をするように切り替えてみたのです。夜型のAさんは早起きに不安を覚えましたが、同僚と、それほど早くもない7時30分という時刻に待ち合わせをすることで、この「早起き前倒し残業」を習慣化することができました。このことにより仕事の効率は上がり、残業は減って会社生活は以前と比べものにならないぐらい快適になったといいます。

❼○○なときは●●しましょう。
□□になることができますよ……→❶❷❸を再度結論で言う

早起きをして仕事や好きなことをして1日を充実させたい。そんなときは早朝に誰かと「約束」をしてしまいましょう。そうすることで、朝、簡単に起きることができるのです。

長文の場合でも、最初はペンを持たずに口を動かすこと。そして声に出したことをいったん頭に入れてからワンセンテンスずつ書いていきます。友人や同僚と練習会を開いてみてもいいでしょう。これであなたはもう、「文章が苦手な人」ではなくなります。

あとはこの手法で週に1回、あるいは3日に1回、ブログやSNSで文章を書いてみてください。

これを続けていくうちに、長文も自然と苦ではなくなってきます。

4章

夢をかなえる「書く習慣」

――本当の自分を掘り起こす「書くワーク」

願望を文字にすると、達成速度が加速する

ここまで読んできたみなさんは、「書く」ことへのハードルがだいぶ下がってきたことと思います。それと同時に、書くことで自分の日常が変化しはじめることがなんとなくわかってきたのではないでしょうか。

そこで、ここからは、あなたがより自分らしい生き方を実現するために、書くことで**「自分の心の中に眠る感情や願望を掘り起こす練習」**をします。

この作業によって、あなたの潜在意識が望む本当の生き方に出合うことができます。忙しい毎日に流されない、自分らしい生き方の軸をつくることができます。

それではさっそくいってみましょう。

「自分の願望を文字にしよう！」「目標を数値化しよう！」と、さまざまな書籍やセミナーでいわれたりしますね。

僕自身、「願望を文字にする」ということを20代の後半からずっと行なってきました。「願望を文字にするぞ！」と思ってノートやパソコンに向かうと、しっかりと自分の心と向き合うことができ、その瞬間、一種の瞑想状態になります。

この状態で書くことで、自分の感情や本能といった部分から**「魂の声」**を聞き取ることができたのです。

その声は、僕が心の底から思っていること、そして本当にやりたいことをあらわすものでした。

それを文字化し、明確な目標や憧れとして具体的にイメージすることで、あらためて「自分は、本当はこれをやるべきなんだ！」と自覚できたのです。

せっかくやりたいことが芽生《めば》えていても忙しい毎日を過ごすうちに、それに気づくことができなくなってしまうことがあります。しかし、それを「しっかりと文字にして」自分の目に認識させることで、**願望の実現に必要な情報や、協力者の存在に敏感になれる**のです。

本書のはじめのほうでもお話しした通り、僕の場合は「書いて発信すること」そして「イベントなどを開催して、人々を喜ばせること」が本当にやりたい仕事であると気づきました。

その結果、「このサイトで記事を書けたらいいな」など、自分が「書きたい」「書くべき」メディアに気づくようになっていきました。

また、繁華街のある店の前を通ったとき、それまでは素《す》通りしていたのに、「あ、このくらいの規模の、こんな雰囲気の店で１００人くらい呼んでイベントができたらステキだな」と気づけるようにもなりました。

自分の魂が本当にやりたい！　と感じた仕事や活動は、それに携わることができるだけで幸せを感じます。やっていて楽しいので、ただ「儲《もう》けたい」と考えてやる仕事や活動よりも長続きします。

なかなか結果が出なくても心が折れることはありません。努力をも楽しめるので、途中でエネルギーが切れることもなく没頭できるのです。

そうして、楽しみながら地道にブログやSNSなどで書き続けていると、不思議な現象が起きます。**自分がやりたいと思っていることの賛同者があらわれたり、仕事の依頼がどっと増えたりする瞬間が訪れるのです。**

また、大好きな活動だからこそ、結果を出すために思わぬ奇策を講じることもできます。

僕の場合は、さまざまな企業との「コラボレーション」がこれにあたります。

自分の著作をまだ1、2冊しか出していなかった駆け出しの頃です。

「このままではいけない！　もっともっと世の中に抜きん出る存在になるにはどう

したらいいだろう？」と思うようになったのです。

そこで**ノートの登場**です。ノートを開いて考えに考え、考えられるあらゆるテーマと、「メディアが取材にくるような、誰もやっていないことをやろう」と書き、「それを実現する！」と決めました。

そしてインターネットを使って情報収集をしました。すると、あるビジネスホテルがリノベーションされる、という情報を見つけたのです。

そのとき、その情報とノートに書き込んでいたテーマとが結びつき、ひとつのアイデアが浮かびました。「女性宿泊客のための恋愛体質改善プラン」です。

僕はさっそくそのホテルに電話をかけて、このプランを提案しました。そのホテルに宿泊すると、いい恋愛ができる「恋愛体質」になれる、という企画です。

そのプランはすぐに採用されました。まずは、ホテル内のイタリアンレストランのシェフと美肌効果のある食材や女性ホルモンを活性化する食材を使った「恋愛体質改善ディナー」のメニュー開発をしました。また、恋愛相談ルームも設け、週末には「恋愛体質改善セミナー」を開催しました。

プランが実行されると、ラジオや雑誌、新聞など、25のメジャーメディアに取材され、宿泊客が殺到しました。僕は6時間ぶっ続けで恋愛カウンセリングの対応をするなど、このプランは大成功をおさめました。

これらは、**願望を文字にして明確にしていたからこそ、それを実現するのに必要な情報がやってきた**のだと思っています。

この実績は「ひとりのエッセイストが自ら仕掛けたイベント」として、僕自身を圧倒的に差別化するのに役立ちました。その後も同様に恋愛と「何か」のコラボレーションイベントを次々と仕掛けては実績をあげ、著者としてのセルフブランディングに成功したのです。

なりたい自分が見えてくる「願望吐き出しライティング」

自分の願望を実際に文字にする。それだけであなたの願望は何倍もかないやすくなります。もうすでに目標が明確に浮かんでいる人はそれを文字にしましょう。

「いまいる業界で、影響力のあるキーマンになりたい！」
「自分が企画したイベントに多くの人を呼んで感動させたい！」
「海辺に家族三世帯の豪邸を建てたい！」

まずはこのように書き出します。**そして書き出した紙を毎日使うスケジュール帳のいちばんはじめの余白に貼りつけるのです。**

そしてそれを毎朝眺めてから出勤します。

するとその願望は、少しずつ、けれど確実にかなっていきます。

20代の頃、僕は希望の会社に入社することも希望の職種に就くこともできず、たまたま採用された会社でなんとなく働いていました。その後何度か転職しましたが、どの仕事にも熱意をもって打ち込むことはできませんでした。

「人生なんとかしなきゃ」「昼間も好きな仕事をして、やりがいを感じたい」と思っていた僕がやっていたのが、**「願望吐き出しライティング」**です。

深夜のファミレスで人生をよくするための作戦をひたすら紙に書き続けました。「夜と週末には、○○編集プロダクションで修業する」「会社に内緒で事業を立ち上げ、その収入が給料を超えたら独立」など、何百、何千と未来作戦をノートに書き綴ったのです。

いまあらためて振り返ってみると、このときに紙に書き出した夢や願望はほとんどかなっています。

そして、書いているときの、「自分の未来のために思考の海に潜るような時間」が、たまらなく楽しかったのを覚えています。

ここでのポイントは、書いたらおしまいではなく、書いたものを**「毎日眺める」**ことです。それによって目標が頭の中にしっかり入ります。

それだけではありません。**あなたは「紙に書き出した目標」を実現するために「無意識のうちに」行動することになるのです。**

その結果、願望実現が加速するというわけです。

さて、「自分の願望や目標が何だかわからない」という方もいるでしょう。そのような方でも自分の「やりたいこと」がわかる方法があります。

やり方はとてもシンプルです。ここでも心の声を素直に拾い、それを文字にするのです。やりたいことを具体的には表現できないかもしれません。しかし、短い断片的な言葉でなら、憧れや目標もあらわせることが多いでしょう。

僕も会社員時代は社外でイベントをしたり、遊びのコミュニティをつくったりしていましたが、職業として自分のやりたいことが、いまひとつはっきりしませんでした。自分が何を望んでいるのか、まだわかっていなかったのです。

頭の中ではあれこれと考えているはずなのに、言葉にあらわすことができない。

そのとき行なったのが、この心の奥の扉を開け、その先に眠る「願望」や「憧れ」といった感情のかけらを拾い集める作業でした。

薄暗い部屋で好きな音楽をかけながら、思いつくままにノートに書き出したり、あるいは、広い海を見ながら自分の心と対話するつもりで書き出したりしたものです。

そのときに出たのが、

「みんなを楽しませることがしたい」

「楽しませるために五感をフルに使って走りまわりたい」

「利害関係を超えた心の絆を何千人とつくりたい」

「お祭り的な盛り上がりをつくりたい」

といったことでした。

いったん願望の断片を書き出せば、新しい行動が生まれます。

実際にその「断片」を形にするために右往左往し、時に失敗し、悩み、落ち込み、そしておおいに壁にぶつかってみてほしいのです。

そうして書いては行動するうちに、

「自分のやりたいことを、どのような形で社会と融合させられるか?」

ということが、次第にわかってきます。

起業、転職などの経済活動、あるいはオフタイムでの趣味、スポーツ、サークル、ボランティアなどの社会活動、あるいは副業など、テーマが定まる瞬間が必ず訪れるのです。

やるべきことが明確になる「願望具現化ライティング」

文字として吐き出した自分の願望や憧れ、その一つひとつを具体化し、世の中に認められる仕事や活動へと具現化するにはどうしたらいいでしょう？

あなたが書き出した**「願望」や「憧れ」は必ず世の中の「業務」あるいは「趣味」などとして、具体的に表現することができます。**それをどのような形で表現するか、根気よく探してみてほしいのです。

僕もかつて「内なる願望」を書き出したあと、「もし職業にするとしたらどんな職種か？」と徹底的に考えてみました。友達や毎週開催していた「夢を語る会」の参加者に意見を聞いたりしながら、考えて考えて考え続けました。
その結果、「本を書く」「イベントを企画する」「スクールを運営する」「企業ブランディングをサポートする」という、４つの活動に行きつきました。そこに至るまでの作業は、「宝探し」に似た興奮と難易度を伴うものでした。

いちばん簡単なのは、別の会社への転職や、特定のグループや仲間への加入によって、その願望をかなえるパターンです。

自分がやってみたいことが職業や趣味、スポーツ、あるいはサークル、同好会、勉強会としてすでに世の中に存在する場合は、そういう「空間」「コミュニティ」あるいは「企業」を探し当て、その世界に飛び込んでみればいいのです。
そのためにインターネットで検索したり、本や雑誌で調べたり、あるいは人に聞いてまわったりするといいでしょう。自分の感覚や願望に合いそうなものをしっかり選んでください。

あなたが「やってみたいこと」を実際に表現できる仕事、あるいは遊びや趣味は何でしょうか？

飲食業への転職、あるいは農業への転身、もしくはヨガインストラクターへの転向かもしれません。世の中にすでに存在している「何か」の中で、達成感を感じられる舞台がどこなのか真剣に探し、それをノートに書き出します。

すると実際に、いくつかの職種、あるいは遊びや趣味などの選択肢が生まれます。それを書き出したなら、あとは実際に動いてみるだけです。

ここで、「自分がやってみたいことを表現できる舞台がどうしてもない」という方もいるでしょう。そのような方は、自分のやってみたいことを以下のどれかに当てはめて、休日などのプライベート時間を利用して、実際に形にしてみましょう。

1. 好きなテーマで勉強会を行なう
2. 交流会イベントを開催する

3．サークル、同好会をつくる
4．インターネット上のコンテンツにする
5．インターネット上で販売する

僕は会社員1年目のとき、平日の仕事が終わったあとや、仕事が休みの土日を利用して、社会人向けの同好会、勉強会やサークルなどを立ち上げました。

そして、これらの交流会の運営が**「天職に向かう第一歩」**となったのです。


なぜこのような社会人クラブをつくったかというと、「生きることを楽しむためのオフタイムの提供」こそが僕の生きる信条だったからです。これは、「書く作業」をする以前からの一貫した生き方の柱でした。残念ながら会社ではその情熱を発揮することは不可能だと感じたのです。

そこで自分の魂の声にしたがって「日本一の社会人クラブをつくる」ことを決心し、組織を結成しました。そして、発信基地、あるいは運営スタッフの交流の場となる「セカンドシェアハウス」を借りました。

当時、僕の給料は手取り19万円でしたが、家賃14万円のマンションを借り、その一室に住みました。そして残りの空間をすべて「社会人クラブ」のために有料で開放したのです。

そこでは、さまざまな交流が行なわれ、とても有意義な時間を過ごすことができました。また、多くの人脈、思い出を手にしました。

じつは、セカンドシェアハウスを開設する約1年前、海岸沿いのファミレスでこれから形にしていきたいことをノートに書きなぐりました。

書いて自分と向き合い、出た答えが、この「社会人クラブ結成」と「拠点となるセカンドシェアハウスの開設」だったのです。真夜中のファミレスで**「書く作業」をしたことが未来の景色を変えました。**

さらにはその後、そこでかかわったメンバー数百人の人生も変えていきました。

開催するイベントは毎回熱狂的な盛り上がりを見せ、リピーターも多くいました。当時人気だったファッション誌や新聞にも取り上げられ、事実上、ナンバーワンの社会人クラブへと成長していったのです。

そして何を隠そう、僕が書いている書籍の内容は「セカンドシェアハウス」を拠点とした、さまざまな社外人脈との密接なかかわり合いの経験や記憶からつむぎ出されたものばかりです。

もし、ただ会社勤めをするだけで自分の心の声に向き合っていなかったら、いまの自分は存在しませんでしたし、数十冊の人生本、恋愛本を出版することもできなかったでしょう。

希望の会社に就職できずに人生に迷いを感じていた22歳の冬、**ノートに書きなぐった構想が、その後の生活をとてつもなく充実させてくれました。**

そこで見た人間模様、恋愛模様、そしてオフタイムのパラダイス。このすべてを活用して、僕は本をまとめることができたのです。

願望を紙に書き出す。それを友人と共有する。それにより願望は現実味を帯びます。諦めずに継続する。そして、実際に形にする。その先に本当の人生が必ずやってくるのです。

アイデアがどんどん生まれる「実現方法創造ライティング」

ここから**「実現方法創造ライティング」**という方法をご紹介します。自分らしく幸せな未来をつくるために大変な効果があります。

ひと言でいえば、**「自分が決めた目標を実現するためのアイデアをたくさん書き出す」ワーク**です。

心の奥底にある「内なる願望」を聞き取り、それを紙に書き出し、さらにはそれを「世の中で認められる職業や活動」として具体化する——。

それが終わったあとに行なうワークです。

僕自身、このワークを行なうことで、たくさんのことを実現できました。

たとえば、僕の場合は、

「本を出す」

「読者を楽しませるイベントをする」

という**目標**を決めたあとに、

「では、本を出すにはどうしたらいいか？」

「イベントを成功させるにはどうしたらいいか？」

といったことを考え、**実現するためのアイデア**を、何十個、何百個とノートに書き出しました。

それによって、

「出版企画書を作成する」

「出版エージェントを探す」

「自分の個性を主張できるイベント活動をする」

「イベントの趣旨に共感してくれる共同主催者と出会う」

など、目標を実現するための**具体策**が明確になり、行動に移すことができました。

「やりたいことはあるけど、どうしたら実現できるのかわからない」

「できるかどうか自信がない」

という方も、このワークをすることで実現するための方法が明確になり、モヤモヤした状態から脱出することができます。


1分間悩む時間があったら1個でもいいので、実現するための方法を書き出してください。そうすれば10分間で10個の「実現のためのアイデア」が創造されます。

悩んでいても不安がっていても仕方ないのです。不安な感情は不健康のもと。

せっかく目標が定まったのに、頭の中でただ漠然と考えているだけの人と、アイデアを楽しみながら10個でも20個でも具体的に書き出す人とでは、その先の人生に雲泥《うんでい》の差が生まれます。


あなたの実現したいことは何ですか？

たとえば、それが「自宅で行なうネットショップ」だったとしましょう。

「ネットショップの運営を楽しみながら月間10万円の利益をあげたい!」

目標を決めたら「実現のためのアイデア」をどんどん書き出してほしいのです。

10分区切りでタイマーをかけ、その間にできるだけ多くのアイデアを書き出してみましょう。**書き出すことで想像をはるかに超えるアイデアが飛び出します。**

たとえば、インターネットショップを成功させて収益をあげるためには、ネットのショッピングモールに申し込んで集客すればいいのではないか?

商品を仕入れることなく販売できるシステムを探せばいいのでは?

安価でウェブサイトをつくってくれるウェブデザイナーを探してみよう!

書くことで「実現のためのアイデア」はより明確な具体策に変わります。

書くことは未来をつくる創造作業です。

それによって、人生はおもしろいほど簡単に変わっていくのです。

自分の望む生き方がわかる「欲しいもののライティング」

僕たちの多くは皆、無意識のうちに縛られた思考をしています。

「お金がないから」「時間がないから」「忙しいから」といった理由で自分の思考に限界を決めて、欲しいものを欲しいと素直に妄想しない。それが現実です。

ですが、これでは人生のロマンは広がりません。素直に欲しいものや、行ってみたい場所、やってみたいことをどんどん妄想して書き出しましょう。

人生はもっと欲張りになっていいのです。

限界を決めずに妄想することで、それを実現するために優先すべきことや犠牲にすべきこと、行なうべき努力が決まっていきます。

あなたも、自分の欲しいものを書き出してみましょう。

・ヨットが欲しい
・キャンピングカーが欲しい
・一緒にジムに通う友人が欲しい
・海辺に小さなワンルームが欲しい
・オーダーメイドスーツをつくってみたい
・キャンプセットが欲しい

こんなふうに欲しいものを素直に書き出してみるのです。


それが終わったら、自分が書き出したものを見直してみましょう。

するとどうでしょう？

欲しい「モノ」を挙げたはずなのに、**人生の「体験」をつくり上げてくれるもの**が挙がっていませんか？

ここに挙げた例でいえば、キャンピングカーやキャンプセットが欲しいのは、キャンプをしながら日本各地を回る自由気ままな生活をしたい、ということのあらわれではないでしょうか。

海辺にワンルームが欲しいのは、週末気が向いたときに海辺をジョギングして楽しむような生活を送りたいということかもしれません。

限界を決めずに欲しいものを書き出すことで、理想の過ごし方や生き方を知ることができるのです。

次に「行ってみたい場所」を書き出してみましょう。

「行けるかどうかわからないし」とか、「お金がかかりそうだから」とかいう現実的な問題は、ここでは一切考えなくていいです。

ただ純粋に「行ってみたいなあ」と思えるところを書いてください。

すると、

・来年ハワイに行きたい
・日本一周をしてみたい
・瀬戸内海を船でクルーズしたい

などと、普段は考えもしない場所の名前が出てくることがあります。

行きたい場所を書くことも、あなたの未来を創造する作業です。いま見えている狭い景色の中に自分を押し込む人生に終止符を打つ起点でもあるのです。

この**「欲しいもののライティング」は、自分の潜在意識下に眠る願望に気づくワーク**です。また、「どのような生き方をしたいのか」もわかる人生設計ワークともいえるでしょう。

幸運の連鎖がはじまる「おかげさまライティング」

いかなる人生も、自分ひとりの力で成功したり、幸せになったりはできません。自分がこの世に存在しているのはご先祖様が必死の命のリレーをしてくれたから。成人できたのは、そこまで衣食住を与えてくれる親や養育者などがいたから。いまの仕事や生活があるのも、役に立つアドバイスをくれた先輩、取引先を紹介してくれた方のおかげ。結婚相手や恋人も誰かの紹介やつながりがあってこそのご縁。誰かがあなたの幸せを祈って施した好意の先に「いまこの瞬間」があるのです。

普段はそのことを忘れがちだからこそ、いま自分がここにあるのは誰のおかげなのかをしっかり思い出すのは大切なことです。

「〇〇さんがいたから、いまがある」——感謝しながらそれを書き出すことで、人生の運気は右肩上がりになります。

あなたも、いまの自分に至るきっかけとなった方の名前を書き出してみましょう。

不思議なことに、その人の名前を書いた瞬間に、「会いたいな」「いまどうしているかな?」と思い、胸の奥が温かくなり感謝の気持ちが何倍にもふくれ上がります。なかには不義理をしてしまっている方もいるかもしれません。書きながら、罪悪感を覚えることすらあります。

感情が高まったなら、素直な気持ちでその方にメールを送ってみてほしいのです。そして、「いまの自分があるのはあのとき、あの瞬間がきっかけだったのです」と、感謝の気持ちを伝えてみてください。

その瞬間、いくつかのいいことが起きます。

誰かに感謝し、その気持ちを伝える。それをきっかけに、自分ができることで何かお返しする――その循環が人生の幸福度を上げ、運気も引き寄せてくれます。

僕もこの「おかげさまライティング」を定期的に行なっています。そして感謝の気持ちを伝えるようにしています。毎回、想像以上の幸福な時間が互いのもとに訪れることはいうまでもありません。

そして、過去にあなたを応援してくれた人は、またあなたを応援してくれます。あなたが応援し返せば、さらに幸運の連鎖が起きていきます。

「おかげさま」の気持ちを忘れ、人のつながりを道具として使い捨てする人生は虚《むな》しいものです。心温まる瞬間もなく、ハイエナのように獲物《えもの》を探すだけの乾いた人間になってしまうからです。

そうならないよう、少なくとも年に1回は「おかげさまライティング」をして、そこで思い出した方にメールを送り、会って感謝の気持ちを伝えましょう。

理想の恋人像を書き出すことで本当の恋ができる

ここからは、書くことが仕事以外にプライベートでも役立つということをお話ししていきたいと思います。**書くことで恋愛を引き寄せる**こともできるのです。

「自分にはどんな人が合うのだろう?」と、理想の恋人像がわからなくなるときがあります。失恋したり、あるいは交際中の相手とうまくいかなくなったり、別れてしまった直後だったりすると、とくにそう感じるものです。

恋愛で痛い経験をするたびに「こういう人はダメ」「ああいう相手とはうまくいかない」と、きめつけて排除するようになってしまうからです。

そのように消去法で恋人を選ぶようになると、「本来まったく好みではない人」

と交際してしまい、結局それほど好きになれずにまた別れてしまうことにもなりかねません。このように「恋愛の失敗経験」から恋の可能性を狭《せば》めてしまう人は少なくないのです。

自分が本当に理想とする恋愛相手でなければ幸せになることはできません。

本当の意味で幸せになるためには、自分自身が「どのようなタイプを好きになり、交際すれば幸せになれるのか？」をもう一度知ることが大切になります。

そこでノートに「理想の恋人像」を書き出してみることをおすすめします。

「ああいうタイプにはフラれるからダメ」
「こういうタイプは浮気をするからダメ」
と、きめつけずに、**妥協なく「好きになれる理想の人物像」を素直に正直に書き出してほしいのです。**

これは決して恥ずかしいことではありません。

あなた自身が本当の自分の気持ちに気づくためだけに使うものなのですから。

「高望みしすぎかな」などと考えたりせずに自分の心からの理想を思いつくままに書き出してみましょう。


「身長は170センチ以上、安定した企業に勤めていて、週末はアウトドアを楽しむのが趣味、見た目は、細身でメガネが似合う男性。学歴は大卒以上」

「やさしくて、浮気をしなくて家庭的な人。外見は問わないけど、がっしりした男らしい体格が好み」

「髪がきれいで背が高く、笑顔がステキで明るい女性。仕事に一生懸命で、しっかりした人」


この秘密の「理想の恋人メモ」を書くことにより、あなたは「過去の痛い恋愛経験によってねじまげられた理想の恋人像」を、本来あるべき感覚に戻すことができるのです。

さあ、こっそり書き出してみましょう。

理想の恋人像を胸に描くだけで、胸は高鳴り、毎日が楽しくなります。また運命の人が目の前にあらわれたときに、必ずやそのチャンスを活《い》かすことができるはずです。

たとえば「恋のはじまりのメール」術

恋のはじまりは、SNSやメールなどでのやり取りが頻繁《ひんぱん》になるでしょう。

そんなときに、

「なんだか面倒くさい」「うーん、微妙かな」「なんか最近だるくて」「今日も会社に行くのが憂鬱《ゆううつ》」「え、そんなこと言われても困るんだけど……」

そのようなネガティブな表現が多くなってしまうと、生まれたての恋は簡単に終わってしまいます。

「別に悪気《わるぎ》はないし」「相手のことはすごく好きだし、これが素《す》の自分だから取りつくろっても仕方がない」「私、前からこういうキャラなんだよね」

そういう言い訳が通用しないのが、恋愛のリアルです。恋を長続きさせたい、運命の恋にしたい、もっと愛したい、愛されたい。そう思うのであれば、できるだけポジティブな表現を心がけることです。

なぜなら、**「否定的な気持ち」は文字化されることで、ネガティブエネルギーが何倍にも増幅され、相手の心に突き刺さるのです。**

とくにこれが相手に対する要求の場合には、命取りになります。

「もっと早くメールの返事が欲しいんだけど……。なんだか、大事にされていない気がする」「私って、もしかして利用されてる？」「キミの誠意が感じられない」「明日は雨だね……。憂鬱だな」

メールでのこのような表現は、相手の気持ちを冷《さ》めさせ、そして、あなたを避ける「原因」をつくってしまいます。

「ネガティブなメール表現はなるべくしない」と心に決めておくことが大切です。

そして、たとえば、

「もっと早くメールの返事が欲しいんだけど……。なんだか、大事にされていない気がする」ではなく、「メールの返事をもらうだけで、なんだかすごくうれしい！どんどんメール送ってね」に。

「私って、もしかして利用されてる？」「キミの誠意が感じられない」は「一緒にいるときはすごく幸せ。ときどき勝手に不安になるけれど、大好きだよ」に。

「明日は雨だね……。憂鬱だな」を「明日は雨だけど、雨なりに静かに楽しもう！」に。

このように「ポジティブな表現」に変換して伝える練習をしましょう。

これらを心がけ、実際のコミュニケーションに使用してみてください。**ポジティブな内容を書く習慣が、あなたの恋を豊かにしてくれます。**

5章

心を整える「書く習慣」

——目の前の問題を解決する「書くワーク」

書けば前向きになれる「ピンチ脱出シナリオ」

ピンチに陥《おちい》ったときは、そこから脱出するシナリオを書いてみましょう。そのようなときも**「書くこと」で解決策が見つかります。**

その具体的な方法を説明します。

たとえば、来月の売上げが見込めず、追い詰められたようなときでも、次のように自問自答しながら、解決策を書き出していきます。

「来月は70万くらいショートしてしまうなあ。どこからか借金しようかな？

いや、その前にまだできることはある。いまいちばん安定した収益になっていることってなんだろう？

その事業をさらに1・5倍、2倍にして売上げを確保すれば、しのげるかもしれない。

新規事業に挑戦するのもいいけど、大きな投資をして、もし失敗してしまったら取り返しがつかないな。

ここは、安定している事業の売上げを1・5倍、2倍にするにはどうしたらいいか、それを優先に考えよう。

それなら、まずは広告だ！　このサービスを知ってもらうことが必要だからね。

そうだ、無料セミナー式の体験会を広告に出そう。

体験会の告知はどうしようか？

よし、インターネット広告を活用しよう。でもリスクを避けるために、最初は3つのメディアに分けよう。しばらく3つのメディアで広告を出してみて、反応がいい広告に一点集中して投資しよう。

とりあえずメディアを調べることからだな。いままでだって、これだけの安定した収入を得られているのだから、宣伝を2倍にすれば、2倍の成果が得られるはずだ。よし、ここはひとつやってみるしかないな！」

このような脱出のシナリオを書くのは難しそうにも思えますが、書きはじめてみると、意外に簡単にできてしまう作業です。

弱った心に負けずに、前向きな「解決策」をプラスの表現で書き綴ります。

しばらく書き続けているうちに、本当に自分の気持ちが前向きに変わってくるから不思議です。最初は「私、何をやっているんだろう？」という気持ちになるかもしれません。しかし、そのうち、その「成功までの手法」までも自然に文字に落とし込むことができるようになります。

悩んで落ち込んでいたって状況は決してよくはなりません。創造的な打開策を考え、実行することでしか事態は変えられないのです。

いま起こっている問題をまずひとつ書き出す。とにかくそのワンアクションからはじめてみてください。

誰も見ていないところで、自分自身に「書きながら相談」し、そして客観的に自分自身にアドバイスを返し、それを書き綴っていくのです。

このことによって、悩む時間を「起死回生のための有意義な時間」に変えることができます。

このとき、文章がうまく書けないという人は、「誰かに話しかけるように言葉にする」ことを意識してみてください。目の前に誰かがいることを想像し、話しかけるようにひとり言をいってみるのです。

3章で紹介した「トークライティング法」を使うことでスムーズに言葉が浮かび、具体的な「解決ストーリー」を書くことができるはずです。

悩みがあるときは「具体的」に書き出してみよう

悩んで悩んで仕方ないときは、その悩みを実際に文字にして書いてみることをおすすめします。

実際に書いた文字を目にすると、悩みの全貌が明らかになります。

悩みの正体がはっきりしたならば、今度はその悩みを解決する方法、あるいはアイデアを、同じように文字にしてみます。

それにより、あなたの「悩み」は思ったよりも早期に、そして確実に「解決」に向かっていきます。

なぜ書くことで「悩み」が解決していくのでしょうか？

それは悩みの多くが、その正体がはっきりしないことで、思い悩む苦しみを大きくしているからです。

しかし、**書くことによって、悩みの正体がはっきりします。**それにより、具体的な解決法がわかったり、悩むほどのことでもないと気づいたりできるのです。

悩みの正体を具体化せずにモヤモヤしたまま悩み続けるのは、時間のムダです。次第に表情は曇り、やがて体調までも崩してしまいかねません。

僕も「あ、モヤモヤしてきたな」と思ったときは、そのモヤモヤを文字にするように心がけています。

しかもなるべく早いうちにそれを行ないます。

というのは、

「わざわざ文字にするほどでもないな」

そう思ってそのままにしていると、悩みはどんどん大きくなってしまうからです。軽く考えずに、しっかり文字にして悩みの正体を明らかにしましょう。

たとえば、僕の場合、長期休暇の最終日などには根拠のない不安がこみ上げてくることがあります。

そのようなときは必ず、ひとりで書斎にこもり、その正体をはっきりさせるべく書くワークを行ないます。それにより、効率的に対策を講じることができます。

悩みを文字にし、可視化することでムダに悩む時間がなくなり、**創造する時間、笑う時間、恋する時間、夢を追いかける時間、そして仕事をする時間が増えていきます。**人生全体が充実していくのです。

どんな問題も解決できる「問題細分化ライティング」

絶体絶命！　もうおしまいだ！　この問題は解決のしようがない！

そんなときもあわてずに、まず問題をノートに書き出しましょう。そして、次にあなたが行なうべきは**その問題を細かく分解する**、という作業です。

そのまま直視してしまうと圧倒されてしまいそうな問題でも、分解してみると一つひとつは「小さな問題」でしかなく、それらを個別に考えることで簡単にクリアできてしまうことがあります。

少しずつ淡々と対処するうちに、**絶体絶命の「手ごわい問題」だと思われたことも、いつのまにか解決できてしまう**のです。

あなたがいま抱えている「絶体絶命の問題・悩み」は何でしょうか？

会社の売上げ、部の売上げノルマの未達成？　今月は何百万、いや何千万円足りないでしょうか？

それはまともに考えたら倒れそうになるくらいのマイナスでしょうか？

では、売上げがあがらないのはなぜでしょう？　商品力？　商品のパッケージ？　商品のネーミング？　あるいはウェブサイトのＰＶの低さでしょうか？　それとも、商品の価格でしょうか？　商品の性能の問題でしょうか？

問題点を細かく分解すると、そのクオリティを高めることだけに集中できます。

大問題に圧倒されそうになったら、まずは問題点を細かく分解してみてください。

そして、一つひとつ解決していく方法をしっかり書き出しましょう。

これにより、冷静かつ客観的に現状を分析することができ、ピンチにも最善の対策で向き合うことができます。

思考のクセをはずす「なりきり解決ライティング」

大きな問題に直面して、気持ちがなかなか前に進めないときがあります。過去の体験や、知識などを駆使してもその解決方法が見つからないような場合です。

そんなときは自分が目標にする人を思い出しながら、

「あの人ならどうやって解決するだろう？」

と、その人になりきって想像することで、問題が解決することがあります。

あなたの友人や上司、尊敬する人なら、この目の前の問題をどうやって解決するか？　彼らの思考回路を持ったつもりになって、考えてみてください。そして思いついたことを、解決策として紙に書き出すのです。

すると不思議なことに、いつもとは違った切り口のアイデアがどんどんわき出します。この「なりきって書く」方法を、僕は**「なりきり解決ライティング」**と呼んでいます。


なぜこの方法で新しい解決策が浮かぶのでしょうか?

僕たちはいつも無意識に「自分流の考え方」をしているものです。ある一定のクセ、あるいはパターンの思考を無意識のうちに行なっているのです。

自分ではいつもと違う観点から考えているつもりでも、やはりどこかいつも似通《にかよ》った考え方をしています。このパターン化により、なかなか問題が解決できないことも多いのです。あるいはいつも同じところでつまずいたり、失敗したりします。

まずは、紙を用意します。1冊のノートがあるといいですね。

そしてそこに、**心にしみた「格言」**をできるだけ多く書き込んでいきましょう。**本を読んで感銘を受けた言葉、友人、先輩から聞いて心に響いた言葉や「なるほど！」と思った言葉**などを書き込みます。

僕もこれを日頃からよく行なっています。

「レーザー光線になりなさい！」

「自分の強みに一極集中することで大きな成功が訪れる！」

「嫌だな、苦しいな、と感じる努力は間違った努力！　努力の方法、努力の対象を変えなさい！」

「成功とは人を幸せにした数の総計だ！」

ノートを開いて、そこに書かれている格言を眺めては、目の前のさまざまな問題を解決するヒントをもらっています。

通常の自分の思考回路で解決できない問題に関しては、優秀な人、あるいは成功者や奇抜な思考回路を持つ人になったつもりで解決法を書き出す。

この「なりきり解決ライティング」によって、僕自身、多くの問題やピンチを乗り越えてきました。

いま、あなたが向き合っている問題は何ですか？

その一つひとつを、自分以外の誰かの思考回路を持ったつもりで、もう一度考え直してみてください。

そして思いついた解決法を紙に書き記してみましょう。きっと楽しいゲーム感覚で問題が解決に向かうはずですよ。

やり場のない怒りも整う
「感情発散ライティング」

「あんなこといいやがって！　ムカつく！」

「こんな待遇、納得いかない！」

「妻（夫）からの口撃に怒りがおさまらない！」

まさに〝怒り狂う〟ほどの状態に陥ることがあります。しかし、もう一人の自分がこう心にささやきかけます。

「そんなに怒ることじゃないんじゃない？」

「小さなことを気にするな！」

「大人《おとな》げない！」

「相手にそういわせた自分が悪い！」

心はシーソー状態。怒っている自分が悪いような気がして、心が真っ二つに！

このあと、どうすべきか？　無反応のままやり過ごすか？　一撃をくらわすか？

考えれば考えるほど、どれも不正解のような気がして、次第に具合が悪くなってしまう。

そんな「怒りによる不快の海」で溺れそうなときは、**「書いて怒りの理由をロジック化する」**のがおすすめです。

・なぜ自分は腹が立つのか？

・相手の何が悪いのか？

・このあと、どう接するべきか？

・あるいは関係を断《た》つべきか？

それらを書き出すことで、状況を客観的に把握し、冷静になることができます。

その結果、怒るべき箇所、聞き流すべき箇所などが明確になり、今後の対処法もわかってきます。

その結果、「世の中にはいろんな人がいる。なかには変わった人もいる。自分が幸せで、納得がいくのなら、聞き流せばいい」といった悟《さと》りの境地に達することもあります。

そうかと思えば、書いて心に余裕ができたことで、言葉の「一撃」を大胆にくらわすことができたり、容赦《ようしゃ》なくキッパリと関係を断てたりもします。

いずれにしても、不快を避け、あるいは撃退し、自分が幸せになるための最短距離の発見が合理的にできるのです。あるいは「自分のここが悪かった」に気づき、身を正したり、相手をフォローしたりすることもできます。

怒りの感情は書くことで発散され、撃退や受け流すなどの打ち手が見つかったり、あるいは自分の身を正すことにもつながったりするのです。

6章

書きたいことがどんどんあふれ出す「執筆脳」のつくり方

――あなたも自由自在に「書ける人」になれる！

文章は「頭」ではなく「環境」で書く！

書くと決めても、どうしても「書けない瞬間」は定期的にやってきます。仕事で疲れていたり、体調が悪かったり、あるいは睡眠不足だったりするときには「執筆意欲」がことごとく失せてしまうものです。

僕自身もそんな「書けない状態」を幾度となく経験してきました。

何十回、何百回とそのような状況に遭遇しながらも書こうとするうちに、いくつかの「克服パターン」が生まれました。そのいくつかは本書のはじめのほうでもお話ししましたが、それらをもっと究極的にしたのが、

文章は「環境」で書け！

です。

「ああ、今日はあまり書けそうにないなあ」

そう思ったら、とにかく「環境」を変えるのです。

僕は近くのカフェに移動することもあれば、車を走らせて海の見える場所に行くこともあります。行く先を決めずに電車に飛び乗って移動したりもします。

環境を変えるのは、**心の中のまったく別の「アプリケーション」を起動させる行為**です。

それによって気持ちがみるみる軽くなり、ワクワクしはじめます。そしてパソコンのキーボードに手を乗せた瞬間、あるいはペンを持った瞬間、すらすらと文字がつむぎ出されるのです。それは、

1. いつもとは異なる景色が脳に刺激を与え、
2. そのことによって脳の中のいつもとは異なるアプリケーションが起動し、
3. これまで閉まっていた頭の中の引き出しが開き、

4．自分の中に眠っていた知識や思想、熱意や憧れ、過去の経験から刻《きざ》まれたセオリーが引き出される

からにほかなりません。

もしあなたが、突然「何も書けない状態」に陥ったとしても、そこで自分を責めてはいけません。それは、ここに書いたように書く環境を変えることで9割解決できるからです。

移動して現地に着いたら、まずは焦らず30分くらい景色を眺めてください。お弁当を食べたり、あるいはビールを飲んだりしてもいいでしょう。その場のエネルギーが体内に充満するまで待つのです。感情や気づき、言いたいことが頭の中に浮かび上がってから書いても、決して遅くはありません。

そうして書きたいことが浮かんできたら、

「ああ、なんて青い空なんだ。この空を見ていると、会社で起こった些細なトラブ

ルなんてどうでもよくなるなあ。悩んだらまたこの空を見にこよう」というように、飾らずに文字にして、あとは写真と一緒にブログやX、フェイスブックなどにアップしましょう。

大切なのは「うまく書くこと」ではありません。読者が感動し、共感するのは**上手な文章ではなく、臨場感と心の動きが表現された文章**なのです。ですから、あなたは心躍る環境に行き、その心の状態をそのまま、まるで絵を描くように文字化すればいいだけです。

書くことに煮詰まったら、立ち上がり部屋の扉を開けて、いつもの環境から飛び出しましょう。それが、いまあなたが書こうとしているテーマについて、思いもよらぬ「頭の中の引き出し」を開くカギになります。

とにかく「移動する」。そして躍動する心の動きをそのまま描写する。それによって書けない状態から抜け出せるだけでなく、あなたの執筆センスと執筆の馬力が驚くほどパワーアップするのです。

心の波長を操る音楽でテンションアップ！

これは音楽をかけながら、そのテンションに合わせて文章を書く、という方法です。激しく力強い内容を書く際には、それに合わせて「激しいビートで強いタッチの曲」をBGMに選びます。逆に穏《おだ》やかな落ち着いた文体で書きたい場合には「ゆったりとしたリズムのやさしい曲」を選びます。

僕もときおりヘッドフォンをつけて音楽のボリュームを上げ、そのリズムとテンションに合わせて本を書くことがあります。

音楽により心の波長が変わり、それによってとても力強い文章が書けたり、あるいはとてもやさしく、寄り添うような文章が書けたりします。

さて、ここでひとつ注意してほしいことがあります。それは日本語の曲をかけてしまうと、歌詞が自然と頭の中に入ってきてその意味を考えてしまうため、文章を考え出そうとするのを邪魔するということです。

それを防ぐには、歌詞のない曲や「洋楽」など歌詞の意味が直接頭の中に飛び込んでこない曲を選ぶほうがいい場合もあります。

音楽の曲調に心の波長を合わせ、その世界観にどっぷり浸《つ》かりながら、その曲の主人公にでもなったつもりで文章をつむぎ出しましょう。

いつもとは違う魂のこもった個性的な文章が書けるようになります。そして、書き終わったあとにはとても不思議な感覚にひたることができます。

ポジティブな曲をかけて文章を書いたあとは、自分自身もとてもポジティブな心になっています。行動的になり、デスクから離れたあとも前向きな気持ちで快活に1日を過ごすことができるのです。

逆に「感傷的《かんしょうてき》な曲」をかけながら心の痛みに寄り添うような文章を書いたあとは、他人を包み込むような人格に変わります。口調や物腰《ものごし》が柔和《にゅうわ》に変化した自分自身を楽しむこともできるのです。

「書くこと」によって新しい人格も少しずつ形成されていくのです。この積み重ねがあなたの人生をゆっくり、そして大きく変えていきます。

海や山では人間の感情をそのままに書き出せる

海や山には不思議な力が存在しています。

その広大な景色が視界に入るだけで、自然と人間の心のフタがパカッと開いてしまうような力があるのです。

人間の脳は、その瞬間見えているものにコンディションが左右されるものです。

そう、「視覚」にとても左右されやすいのです。

視界が広がることで脳の思考回路も広がり、気持ちもおおらかになり、当然呼吸もゆったりになります。いわば**「静かなる脳内のストレッチ状態」**が訪れるのです。

このように、広大な自然の中に行くと、脳はいい影響を受け、誰もが強制的に「クリエイター」「文筆家」になってしまうのです。

僕もよく海や山に行って文章を書きますが、そのたびに執筆意欲があふれ出て止まらなくなります。

海や山などの自然の中に身を置き、ノート、あるいはパソコンを広げてみてください。本当にすらすらと、まるで別の何かが降りてきたように文章が書けてしまうから驚きです。あなたは自動的に心に浮かび上がってくる言葉を拾い上げて、「自動書記」をするだけです。

さて、ここでのポイントがあります。

それは**自分の感情に逆らわない**ということです。もし、「ああ、こんな眺めのいい場所に来てまで文章なんか書きたくない」と感じたならば、それに従ってください。それは、心が自由を求めているということだからです。

ここでその感情に逆らって、気合いで書こうとすると、誰かに書かされたような、きゅうくつで息の詰まる表現しか出てこないものです。

「書くよりもまずビールが飲みたい！」「温泉に入りたい！」

そう思ったら、迷わずそのように行動しましょう。

そして自分にごほうびを与え、脳のご機嫌をとってください。そのあとの文章は絶叫するほどいいものになっているはずです。

僕も含め、プロの書き手は脳のご機嫌をうかがうのが上手です。それは、いい文章を書くための、とても重要なメンテナンスなのです。

自然の中に身を置けば、自由ないい文章が書けるだけでなく、自分の脳や感情のコンディションも整えられます。気持ちを切り替える習慣も生まれ、気分転換の達人にもなることができるのです。

あえて騒がしいカフェに身を置く

にぎやかな場所で文章を書くことで、すらすらとイキのいい文章が書けることがあります。おすすめなのが**「騒《さわ》がしいカフェ」**です。カフェにはさまざまな種類の雑音が飛び交《か》っています。

文章は静かな場所で集中して書くものだ、と考えられがちですが、雑音があるほうが心地よく脳が刺激されて、逆にいい文章が書けると僕は思います。

なぜでしょうか？
それはカフェの雑音の多くが「生身《なまみ》の人間の発する声」だからです。

人間は本来、群《む》れる生き物です。ほかの人間の考えや言動を、視覚や聴覚を通して自分の中に取り入れながら、自分の感性や思考を組み立てて生活しています。

ですからある意味、**このさまざまな声が飛び交う群衆の喧騒《けんそう》は、「無音」の環境よりも人間にとって自然な状態だといえます。**カフェのような雑音があふれる場所で、すらすらと気持ちののった文章が書けるのはそのためです。

また、カフェに集まる人の人間模様を眺めていると脳が適度に活性化し、生身の人間の体温と心の温かいエネルギーを取り入れることができます。

そのエネルギーによって自分自身の心と思考が躍動し、血の通った文章が書けるのです。

ただし、店内であまりにも大きな声で話す人やバカ騒ぎをしている人に遭遇したら、すぐに場所を変えましょう。あなたの大事な執筆時間、そして「自分づくりの時間」が台無しになってしまいます。

映画、ドラマを観たあと、感動のままに書く

外出して新しい刺激的な体験をしなくても胸の高鳴りを感じ、記憶の引き出しを全開にして「執筆力」を高める方法があります。

それは、感動する映画やドラマを観たあとに文章を書く、という方法です。

人間は感情が高まると、頑張って言葉を絞り出さずとも、いくつもの言葉が泉のようにわき出てきます。映画やドラマで感動した直後、その余韻を抱えたまま、涙も乾かぬうちにブログ、ＳＮＳなどの執筆作業に挑戦してみてください。

そのときあなたは普段とは比べものにならないほどの執筆力を身につけた自分自身に気づき、驚くはずです。「ネタ」にもまったく困らないでしょう。それどころ

か、とめどなくあふれ出る感情を文字にするのに、てんてこまいになるはずです。

その映画になぜ感動したのか？

どこを今後の人生の糧《かて》として活用しようと誓《ちか》ったのか？

そのようなことを文字にするのです。

そうすれば３００～４００文字くらいなら一瞬で書けてしまいます。まさにどんな人にも気が利《き》いた文章が書けてしまう方法です。

この「映画やドラマを観て感動した直後に文章を書く方法」を、「アフター感動ライティング」と呼んでいます。僕も書籍執筆の際、感情のこもった大きなクライマックスを書くときにこの方法を使います。

感情の波に言葉をのせて、気持ちよくテイクオフ！　そのまま手が止まるまで書き続けてみましょう。人の心にしみ込む文章が書けるはずです。

恋の予感、胸の高鳴り、苦しみを利用して書く

日記、ＳＮＳ、ブログを書くときのテーマ選びはとても重要です。

文章を書くときのテーマの選び方は大きく分けて２種類あります。

ひとつは**「心で書く」**、もうひとつは**「自分の持っている知識を書く」**ということですが、恋愛時には、このふたつの切り口のどちらでも執筆が可能になります。

あなたはいま、恋をしていますか？　もしその答えが「ＹＥＳ」なら、おそらくあなたは誰かの心を震《ふる》わせる文章が書ける状態にある、といえます。

まずは、誰かを「愛しい」と思う気持ちをそのまま文字にしてみましょう。

どんなふうに相手のことを好きなのか？　もどかしさ、せつなさ、さみしさ……

それらの感情をていねいに拾って言葉にしてみてください。

世の中には誰かに恋をしている人がたくさんいます。現時点で恋愛をしていない人でも、恋に憧れを抱き、いつかは幸せになりたいと思っています。そんな彼ら、彼女たちからおおいなる共感を得ることができます。

さて、恋愛中の人はもうひとつの切り口での執筆も可能になります。

恋愛成就のための「ノウハウ」です。

「どうやっていまの恋を成就させたか」について、順を追って説明してみてほしいのです。

恋愛の方法は十人十色。**人の数だけ恋のノウハウが存在している**といっても過言ではありません。あなたが、自分の恋愛が成就するまでの道のりを文字にして発信すれば、誰かがそれを参考にして新しい恋に挑むかもしれません。

恋の予感、恋をしているときの胸の高鳴り、恋の苦しみで書くことを、僕は「恋愛感情ライティング」と呼んでいます。

恋愛に関する文章は、書き手が実際に恋愛をしているかいないかで、その内容に雲泥の差があります。そして、読み手の心にしみ入る、血の通った文章が書けるのは間違いなく「恋をしている人」です。

恋愛状態をうまく使って、人の心をうるおす文章をたくさん書き上げましょう。それが読んだ人の幸せにつながり、世の中を幸せに変えていくのです。

立ち仕事のように！肩こり知らずの「スタンドライティング」

「姿勢」が書くときの重要なファクターだとご存じですか？

椅子《いす》に座らず立ったまま文章を書くことで、肩こりもなく、息苦しさとも無縁になります。しかも、これによりポップで躍動的なキレのいい文章が書けるのです。

この立って書くというやり方は、日々長時間にわたって執筆を続けてきた結果、首と肩のこりが慢性化し、執筆意欲までもが一時低下した僕が、どうしようもなく追い込まれた末に考え出した方法です。

どんな状況に陥ろうとも書き続けなければならないプロの書き手が「職業」として質の高いものを書き続けるための究極の執筆法ともいえるでしょう。

なぜ立って文章を書くことが、執筆に多くのよい効果をもたらすのでしょうか？　僕自身が自らの体を実験台に、1日8時間以上何十日にもわたって、この「スタンドライティング」を研究した結果、その理由が明らかになりました。

それは、**「目線の高さ」**です。机の上にもうひとつ台をのせて、その上にパソコンを置き、画面と自分の目線の高さを同じにして執筆する——そのとき首の骨、さらには背中が前かがみにならないでピンと伸びたまま書くことになるので、首と肩に負担がかかりません。だから、首や肩がこることがないのです。

両手は脱力して前にぶら下がっています。力が多少入るとすれば、ひじから先の部分だけです。だから疲れにくいのです。

さらにもうひとつメリットがあります。長時間座りっぱなしで文章を書いていると、だんだんと鬱々《うつうつ》とした、動きのない、悪くいえば「抑揚《よくよう》のない心」が奏《かな》でる文章になってしまいがちです。この状態になると、読む人が退屈に感じる文章しか書けなくなります。

しかし立って書くとどうでしょう。**立つことによって躍動感のある心がつくられます。そして、その心がメリハリのきいた文章を勝手に創出してくれるのです。**

僕はこの「スタンドライティング」を、店頭で立って仕事をするアパレルの販売員さんを見て思いつきました。立ち仕事の人たちは、1日8時間近く立ったままで仕事ができますよね。しかもみなさん首も肩もこるようなことはありません。ならば、執筆を立ち仕事だととらえることにより、自分も肩こり知らずで長時間の作業ができるのではないかと考えたのです。

たしかに執筆以外のときの自分のことを思い返しても腑《ふ》に落ちました。講演会やイベントなどで立ちっぱなしで仕事をしたあとには、首こり、肩こりなどはなく、心地よい疲労感に包まれ、充実した気持ちで1日を終えることができるのです。

実際に立って執筆してみると、予想通りの効果が得られました。首こり、肩こりはなくなり、代わりに腰と足に多少の筋肉痛が残ったのです。しかしその痛みも、スニーカーをはくことでほとんどなくなりました。

実際、ずっと机に向かい、地味に作業して終えた1日とは大違いで、後味のいい思いをすることができました。

さて、この「立ち仕事」のように書く「スタンドライティング」にはうれしいおまけがついてきます。

それはダイエットになる、ということです。座ったまま長時間書き続けたときよりも筋肉の運動量が多いので、カロリーの消費量も多くなるというわけです。

「書いてばかりいたから太った」ではなく、「書くことによってやせた！」という奇跡のような状態をつくり出すことができるのです。

朝いちばんは、前向きで純粋な文章が書ける！

「朝の時間」には神が宿る――そう断言できます。

朝に原稿を書くときのスピードとそのクオリティに、僕自身、何百回となく驚かされているのです。

朝起きて朝食やシャワーの前に、寝起きのまま文章を書きはじめる。それだけで本当に神がかったスピードで、自分の潜在意識で感じていることや思っていることをダイレクトに拾い上げた、勢いのある文章が書けるのです。

それはなぜでしょうか？

前日の出来事が睡眠によってリセットされ、頭の中は今日を生きる意欲で満ちて

いるからです。ただ、まだ体が起きていないから少しぼーっとした感じがするかもしれません。

しかし、そこには迷いがないのです。**心の雑念、感性のノイズがまだ発生していない状態です。**

睡眠によって心身が生まれ変わっているので、必然的に前向きでまっすぐで純粋な文章が書けるのです。

じつは、僕はいまこの原稿を、朝5時に起床して執筆しています。心と体の底からわき出てくる、静かな自己表現欲に呼吸を合わせ、なかば自動書記、つまり無意識のまま筆を走らせているのです。

この爽快な気持ちはたとえようがありません。

もちろん朝いちばんで、今日のノルマとして設定した原稿の執筆にスタートダッシュが切れるという「自分への勝利感」があるのはたしかです。

しかし、それだけではないのです。

文章を書くことによって冴《さ》えはじめた脳で、今日のこと、明日のこと、そして人生のことを考えたら、すべてがすさまじい集中力のもとでシミュレーションでき、うまくいく気がしてならないのです。

自分を信じ切ることができるともいい換えることができます。

この感覚を言葉であらわすなら「万能の神を味方につけた状態」です。

執筆のあとには、**今日の仕事の段取り、1か月先までの計画、あるいは1年先のこと、いま抱えている問題の突破口となるアイデア**も紙に書き出してみてください。

想像以上の成果と、この先の人生を乗り切る、あるいは大きく好転させる知恵と野望とモチベーションがあふれ出ることに心の震えが止まらないはずです。

自己肯定感を高める文章を書きたいなら

気の合う友達とワイワイ楽しく遊んだあと、あるいは魅力を感じる出会いの直後にノートにペンを走らせたり、あるいはパソコンに向かって文字を打ったりすると、とても躍動感のあるすがすがしい文章があふれ出てきます。

しかも、今日1日のことを書くことで、自分と肯定的に向き合うことができるとともに、「人生の楽しさ」を噛み締めることができます。

なぜ人生の楽しさを噛み締めることができるのか？

それは、ほんの1、2時間前まで「楽しいことがいっぱいに詰まった時間」を長時間体感していたからです。そこにはストレスや疲れもなく、100%快楽に満たされた時間が存在していました。

そんな1日のことを思い出しながら書くだけで「楽しかったことだらけの文章」になります。自分が感じたことを実際に文字にして書き出すことで、あらためて「自分はこんな楽しい時間を過ごしていたのだ」という事実を客観的に復習することができます。

書くことによって、楽しくて楽しくて仕方のない時間がふたたび訪れるのです。

そして、この方法は何も、楽しかった1日を再確認するだけではありません。

「これからも、今日みたいに、いや今日よりもっと楽しくなるように工夫して生きよう」

という希望までも勝手に心と体の底からわき上がってくるのです。

僕は恋愛コラムを書く際や人生を楽しく生きることをテーマに書く際に、このライティング法を活用していました。

恋愛コラムは、実際にあった話を例に挙げて書くことが「キモ」であり、それが説得力を生み出します。そのため、実際に体験したこと、間近で見たことを、そのまま情景描写することが必要になるのです。

たとえば「出会ってから異性と仲よくなるまでのコツ」を書く場合は、実際にパーティなどで出会い、意気投合して連絡先を交換し合い、次に「みんなでどこに遊びにいくか」などを決める会話のシーンなどが不可欠になります。

読者心理に近づき共感を得るためには、リアルなシーンを心の躍動とともに描写するのが効果的です。

「人生をいかに楽しむか?」といった文章を書く場合でも同じです。

自分がたいして人生を楽しんでもいないのに、「人生はこうあるべきだ」といった「べき論」をぶつけても読者の心は冷めてしまうだけです。

書き手自身が実際に心を躍らせ、生きることを楽しんだ瞬間を臨場感たっぷりに表現する。

そうすることで、読者にも自分が五感で感じたことを疑似体験してもらうことができます。そして、「ああ、僕もこの書き手のように生きることを楽しんでみよう」という気持ちにさせることができるのです。

あなたもみんなとワイワイ楽しんで、心がホクホクした状態の直後に、日記、SNS、ブログ、あるいはコラムや本の原稿などを書いてみてください。命が吹き込まれた立体的な文章が書けるはずです。

いい汗をかいて気分を高めて書く！

まだまだ今日中にたくさん書かないといけない！　でも、もう限界――そのようなとき、僕はいったん書くのを中断して少し激しいスポーツに1時間ほど集中し、汗を流すようにしています。

人間の体、とくに脳は不思議なものです。
どんなに心身が限界だと感じても、スポーツをして汗を流すと、その心身の疲れが一時的に吹き飛び、執筆のための「馬力」を取り戻せるのです。これを「アフタースポーツライティング」と呼んでいます。

僕の場合は、キックボクシングジムでコーチにパンチミットやキックミットを持ってもらい、厳しく指導してもらいます。ときにスパーリングをして本気で殴《なぐ》り合い、蹴《け》り合いをすることもあります。

すると練習が終わる頃には、さっきまで肩と心にのしかかっていた重い感覚と、血行不良、さらには執筆によって乱れた呼吸がすべて改善されているのです。

信じられないかもしれませんが、執筆は呼吸まで乱します。集中することにより、呼吸が浅くなったり、無呼吸状態になったり。ひどいときには「自然呼吸」ができず「意識的に呼吸を行なう必要性」が生じる場合もあります。

しかしこの「アフタースポーツライティング」をすることで、**深い腹式呼吸ができるだけでなく、躍動的な心で、目の前の執筆に一点集中が可能な心身になること**ができます。

そのあと、ノンアルコールビールを飲み干し、のどごしに快感を覚えたら、かーっと一気に文章を書きはじめます。時間にして、そこから1、2時間は作業を続けられるのです。

腹の底からわき上がる「書きたいこと」をていねいにキャッチし、それを文字に変えていくだけです。復活した自分をほめ称《たた》えたい気分にさえなります。

あなたの好きなスポーツは何でしょうか？

ジョギング、あるいはジムで行なうトレーニングでもかまわないでしょう。できればコーチや仲間がいて手を抜けない、そんなスポーツがおすすめです。

アフタースポーツライティングによって得られるメリットは文章力、執筆センスが高まることだけではありません。

心身ともに苦しい状態を上手にリフレッシュし、あと数時間、快感を覚えながら頑張れた自分を称える「自尊心」も生まれます。

このくり返しが大きな成果を生み、自尊心をさらに高め、またあるときは競争に勝つといった結果を得ることができるのです。

へこたれない自分になる魔法のスイッチを持ち、それを使いこなせた瞬間、自分がものすごくできる人になったかのように思える――その瞬間を味わってほしいと思います。

それでも書けないあなたへ
——「ダンシングライティング」

ここまでいろいろな執筆法をご紹介してきましたが、最後に「荒技《あらわざ》」ともいえる方法をひとつお教えします。

それは**「ダンシングライティング」**です。

実際に踊りながら書くことで、じつに楽しそうな、そして躍動感のある自由でポップな文章を書くことができます。

デスクの上に台、または小さなテーブルを置き、そこにパソコンを置き、音楽をかけ、立ったまま踊りながら文章を打ち込みます。

ただし、あまり激しく踊ってしまうとキーボードが打てません。ですから、横にステップを踏む程度の軽い「ダンス」をします。

そんなことが可能なの？

そう思うかもしれません。しかし、これは実際に可能です。

僕自身、自由でポップな文章を書くときには、この「ダンシングライティング」で下書きをします。

なぜこの「ダンシングライティング」が「自由でポップな文章」を可能にするのでしょうか？

それは、**踊ることに気持ちが集中し、書くことに「固執しすぎない、ほどよいリラックス状態」をつくり出せるからです**。これにより「書かなきゃ！」という力《りき》んだ状態から解放されるのです。

ちょっとぶっ飛んだ、文法的には決して正しいとはいえない文章になりますが、じつにストレートで純粋な感情がのった「イキのいい文章」を書くことができます。

「荒削りだけれども、魂に訴えるワイルドで勢いのある文章」になるのです。

これをすると、もうひとつ「いいこと」が起こります。それは、**「文章を書くことは踊るのと同じくらい楽しい行為である」と脳に刷り込まれる**ことです。「なんだ！　踊れば楽しい文章が書けるんだ！」という認識に変わります。こうなれば、もう文章への苦手意識は消えてなくなります。

書くのは踊るぐらい楽しく簡単なこと――そんなふうに思い込むことで「書く習慣」を上手に、遊びゴコロを持って身につけることができるのです。

おわりに

いかがでしたか？

本書を読んで「書く」ということへのイメージが、少し変わったのではないでしょうか？

想像していたのとはまったく異なる「脳の使い方」をすること。

体全体、心全体で書くことの大切さに気づいてもらえたのではないかと思います。

そして書くことは、瞑想や座禅と同じような幸福状態をつくり出してくれる――

このこともご理解いただけたのではないでしょうか？

本論でもくり返し書いていますが、「書くこと」は、あなたの人生を少しずつ、そして確実に変えていきます。

今日から書き記した一つひとつの文章は、あなたがいつか見返したときに、すべてがつながる人生の物語となるはずです。

過去に自分で書いた文章が、未来の自分を励ます心強い座右の銘となったり、散歩中に頭に浮かんで書き記したワンフレーズが、未来を変える行動指針のひとつになったりするかもしれません。

そしてあなたの文章に反応した、たったひとりの後ろには100人の共感者がいて、あなたを応援しています。

文法を捨てて、心を動かし、思うままに書きはじめてください。

願望通りの未来がゆっくりとあなたのもとに訪れます。

書く、発信する。

たったこれだけで人生の主人公になれるのです。

「書きはじめたら、こんなにいいことが起こった！」

「本当に人生が変わった」

そんな、いいご報告をお待ちしています！

潮凪洋介

本書は、飛鳥新社から刊行された『人生は「書くだけ」で動きだす』を、
文庫収録にあたり加筆・改筆・再編集のうえ、改題したものです。